Einfach Geld anlegen mit ETFs

Rene von der Forst

Über den Autor:

Rene von der Forst, Jahrgang 1978, Wirtschaftsingenieur, Familienvater, befasst sich seit mehr als 15 Jahren privat mit den Themen Aktien, Börse und langfristiges Investieren. Neben dem Management mehrerer privater ETF- und Aktienportfolios entwickelt, testet und handelt er erfolgreich Tradingstrategien auf der Basis von ETFs und Aktien und tätigt seit einigen Jahren auch Stillhaltergeschäfte. Seine Begeisterung für finanzielle Themen möchte er an andere Menschen weitergeben.

Einfach Geld anlegen mit ETFs

Alle wichtigen Grundlagen für die erfolgreiche Geldanlage mit börsengehandelten Fonds

Rene von der Forst

Impressum

1. Auflage, 2021

Autor und Herausgeber: Rene von der Forst, Guaitastrasse 15, 52064 Aachen
Covergestaltung: Alina Lang
Druck: Amazon Media EU S.à.r.l., 5 Rue Plaetis, L-2338 Luxemburg
ISBN: 9798726395104

Der Autor ist stets offen für Feedback und Rückfragen. Nutzen Sie hierfür gern die Emailadresse post@rene-vonderforst.de.

Inhaltsverzeichnis

1 Vorwort

Warum noch ein Buch zum Thema Geld anlegen und Vermögensaufbau mit ETFs? Gibt es nicht schon genug Literatur und einschlägige Websites zum Thema? Sind die Strategien, mit denen man sich sein eigenes ETF-Portfolio aufbauen kann, nicht so einfach, dass es ausreicht, ein paar Artikel und Videos anzusehen? Diese und ähnliche Fragen wird sich der eine oder andere wahrscheinlich stellen, wenn er auf das vorliegende Buch aufmerksam wird.

Meine Antwort auf diese Fragen lautet: Nein, es gibt offenbar noch nicht ausreichend Informationsquellen. Denn obwohl es einige ganz hervorragende Blogs, Youtube-Kanäle und sehr gute Bücher zum Thema gibt, trifft man in Facebookgruppen, Foren oder im Gespräch mit interessierten Menschen immer wieder auf ähnliche Fragen zu wichtigen Grundlagen. Nicht selten kommt es auch zur Verwirrung, weil widersprüchliche Aussagen zu einzelnen Aspekten der Geldanlage mit ETFs im Internet zu finden sind. Viele Dinge sind natürlich ganz individuell zu entscheiden und umzusetzen. Hierfür muss man letztlich aber die wichtigsten Optionen kennen und in ihrer Auswirkung abschätzen können.

Auf der anderen Seite wird kritisiert, dass manche einschlägigen Bücher zu sehr ins Detail gehen und damit den völligen Neueinsteiger überfordern. Ich persönlich bin – was den Bereich der passiven Geldanlagen angeht – ein großer Fan von Gerd Kommer. Sein ausgezeichnetes Buch „Souverän investieren mit Indexfonds und ETFs" war und ist ein Augenöffner im Hinblick auf die langfristige Geldanlage für Privatanleger, die sich nicht regelmäßig intensiver mit Börse und Investments beschäftigen möchten, aber dennoch eine akzeptable Rendite auf ihr Kapital bei annehmbaren Risiken erreichen wollen. Es ist sehr ausführlich und in die Tiefe gehend geschrieben, so dass manche Einsteiger sich doch etwas erschlagen fühlen könnten.

Andere Quellen wiederum gehen nicht ausreichend ins Detail. Meist wird eine mehr oder weniger standardisierte Kombination aus ETFs empfohlen, mit denen der Anleger sein Depot ausstatten soll. Vergessen wird dabei aber beispielsweise gern, dass die Risikotoleranz eines jeden Anlegers eine völlig andere sein kann. Dieser wichtige Punkt jedoch muss in der Anlagestrategie unbedingt Beachtung finden, damit sie auch langfristig beibehalten wird. Überhaupt wird das Thema Risiko und Risikosteuerung oft doch deutlich vernachlässigt. Dabei ist gerade die einfache Risikosteuerung einer der großen Vorteile der ETF-basierten passiven Anlagestrategie.

Das vorliegende Buch möchte einen kurzweiligen, kompakten und überschaubaren Zugang zur Welt der Geldanlage mit ETFs bieten. Es möchte speziell den Einsteiger ansprechen, in dem es alle erforderlichen Grundlagen vermittelt, die für den Einstieg in das eigenverantwortliche, langfristige Investieren mit ETFs notwendig sind, ohne jedoch mehr als nötig in die Tiefe zu gehen. Zugleich soll ein Mindestmaß an Wissensbreite vermittelt werden, das es erlaubt, seine eigene ETF-Investmentstrategie zu erstellen und an die ganz persönlichen Umstände optimal anzupassen.

Rene von der Forst, Februar 2021

2 Einleitung

ETFs, börsengehandelte Fonds, gewinnen in den letzten Jahren immer mehr an Beliebtheit bei privaten Anlegern. In einer Zeit, in der es faktisch keinerlei Zinsen auf Sparbücher, Festgeld oder Tagesgeld gibt, und stattdessen auf Barguthaben sogar Negativzinsen zu drohen beginnen, während zugleich die Inflation mehr oder minder unaufhaltsam an unseren Guthaben nagt, ist es immer schwieriger, Vermögen anzusparen und eigenes Geld zu überschaubaren Risiken gewinnbringend anzulegen. Dabei ist den meisten Menschen durchaus klar, dass sie allein auf die staatliche Rente nicht länger zu zählen brauchen. Die Rente gilt zwar nach wie vor als sicher, allerdings ist sie in ihrer zukünftigen Höhe völlig undefiniert. Klar ist lediglich, dass sie in den nächsten Jahrzehnten weiter sinken wird, wenn es nicht eine umfassende Reform gibt, nach der es aktuell jedoch in keiner Weise aussieht. Zugleich findet eine anhaltende Debatte darüber statt, das Renteneintrittsalter immer weiter nach hinten zu schieben.

Was tun? Neuverträge für Lebensversicherungen lohnen sich aufgrund der immer weiter sinkenden Garantiezinsen nicht mehr. Wer noch einen Altvertrag mit guter Verzinsung besitzt, kann sich freuen. Die meisten Angebote privater Rentenversicherungen sind teuer, intransparent und bringen letztlich ebenfalls keine ansehnlichen Renditen. Riester und Rürüp sind ebenfalls kostenintensiv, unflexibel und knebeln mit Bedingungen und Voraussetzungen. Ob die eigene Wohnimmobilie eine gute Geldanlage ist, kommt sehr auf den Einzelfall an. Unter anderem die billigen Darlehen, die aus der bestehenden - und aller Wahrscheinlichkeit nach noch Jahre anhaltenden - Niedrigzinspolitik der Notenbanken resultieren, haben die Preise für Immobilien in Höhen schießen lassen, die vor 15 Jahren noch als völlig absurd galten.

Wer nicht bis zum Umfallen arbeiten möchte, wer sich ein finanzielles Polster aufbauen will, um seine voraussichtlich eher bescheidene Rente aufzubessern oder um ein paar Jahre eher in Rente gehen zu können, wer für Kinder und Enkel eine finanzielle Basis schaffen will, der muss selbst aktiv werden und sich selbst um seine Finanzen und Geldanlagen kümmern. Und das ist nicht aufwändig und nicht kompliziert.

Die Geldanlage mit ETFs bietet eine gute Möglichkeit, langfristig mit akzeptablen Renditen Vermögen aufzubauen. ETFs sind kostengünstig, transparent und vor allem einfach zu verstehen. Mit ihnen lassen sich Anlagestrategien nutzen, die es auch privaten Anlegern erlauben, ohne viel Zeitaufwand sinnvoll für das Alter vorzusorgen, für die eigenen Kinder ein Polster an finanziellen Mitteln zu schaffen oder ganz allgemein Vermögensaufbau zu betreiben. Sie müssen hierfür nicht Wirtschaftswissenschaften studieren, Sie müssen nicht – und sollten auch gar nicht – täglich die Börsennachrichten verfolgen oder jeden zweiten Tag in Ihr Wertpapierdepot schauen. Alles, was Sie für eine erfolgreiche Geldanlage mit ETFs benötigen, ist etwas Grundlagenwissen, ein gewisses Verständnis für die wesentlichen Triebkräfte und die Zusammenhänge im Hinblick auf das Investieren, sowie ein wenig Geduld.

Was erwartet Sie im vorliegenden Buch? Nach dem Durcharbeiten sollten Sie in der Lage sein, ein eigenes diversifiziertes ETF-Portfolio mit einem auf Ihre Bedürfnisse hin angepasstem Gesamtrisiko einzurichten.

Zuerst schauen wir uns einige Grundlagen im Hinblick auf das Thema Investieren an. Wir besprechen die Wichtigkeit eines definierten Investmentziels als Ausgangspunkt für die Investementstrategie und wie es sich bestimmen lässt. Wir sehen uns an, welche Renditen grundsätzlich überhaupt möglich und realistisch sind, und wie sich der Zinseszinseffekt über die lange Frist auf unser Investment auswirkt. Anschließend betrachten wir kurz die wesentlichen Assetklassen, die Anlagemöglichkeiten, die überhaupt für die Geldanlage infrage kommen.

Danach gehen wir schnell zu den Grundbegriffen des Fondshandels über. Wir schauen uns an, wie die Börsenmärkte funktionieren, und wie wir privaten Anleger dort überhaupt ETFs, Indexfonds & Co. handeln können. Wir sehen uns die wichtigsten Indizes an, die letztlich die Basis unseres zukünftigen ETF-Portfolios bilden. Anschließend diskutieren wir Vor- und Nachteile der unterschiedlichen Fondsvarianten.

Das nächste Kapitel führt in den Themenbereich der ETFs, der börsengehandelten Fonds, ein. Wir lernen die unterschiedlichen Arten an ETFs kennen, ihre speziellen Eigenschaften und ihre Anwendungsmöglichkeiten. Sie werden sehen, es sind gar nicht so viele.

Anschließend beschäftigen wir uns mit der Investmentstrategie des passiven Investierens. Wir schauen uns die Vorzüge an, gehen aber auch im Detail auf ihre Risiken ein und erörtern, wie man Risiken steuern und an die eigene Risikotoleranz anpassen kann. Wir lernen kennen, wie man ein passives ETF-Portfolio aufbaut, wie man die passenden ETFs findet und auswählt, und welche grundlegenden Fehler zu vermeiden sind.

Natürlich wird auch das Thema Nachhaltigkeit behandelt und aufgezeigt, dass sich auch mit nachhaltigen ETFs Portfolios aufbauen lassen, ohne dabei Rendite zu verlieren. Es folgt ein Kapitel zu typischen Fallen, die eventuell auf den Neueinsteiger warten.

Nach der Theorie folgt die Praxis: Wir lernen fünf Beispiel-Portfolios kennen und besprechen Vor- und Nachteile. Diese können einfach nachgestellt werden, sollen aber in erster Linie einen Anhalt dazu bieten, wie ein passendes ETF-Investment aussehen kann.

Zum Schluss lernen wir die erforderlichen Anpassungsmaßnahmen kennen - das sogenannte Rebalancing - mit denen wir im Laufe der Zeit Abweichungen im Depot korrigieren, um unser Gesamtrisiko konstant zu halten. Wir besprechen detailliert, was im Falle eines Börsenabsturzes zu tun ist, und diskutieren das Warum. Im letzten Kapitel finden Sie noch einige wichtige Tipps und Zusammenfassungen, die Ihnen den Einstieg in die Welt der ETFs noch einfacher gestalten sollen.

3 Weshalb privater Vermögensaufbau Sinn macht

In der heutigen Zeit ist es eigentlich unumgänglich, dass man sich mit dem eigenen Geld, dem eigenen Vermögen und der eigenen finanziellen Zukunft angemessen auseinandersetzt. Da Sie dieses Buch in der Hand halten, sind Sie sich dieser Tatsache durchaus bewusst. Dennoch ist es mir wichtig, das Thema noch einmal in seine unterschiedlichen Aspekte zu zerlegen, weil uns dies unmittelbar zu einigen wichtigen Punkten im Hinblick auf die eigene Geldanlage führt.

Die Haushalte in unserem Land verfügen im Schnitt über relativ hohe Einkünfte, und sie sparen auch einen guten Teil davon mehr oder minder regelmäßig. Dennoch haben die Haushalte in Deutschland im Schnitt deutlich geringere Vermögen angesammelt als die unserer Nachbarländer. Während das von der Credit Suisse Bank ermittelte Median-Vermögen pro volljähriger Person in Deutschland im Jahr 2019 bei etwas über 35.000 US-Dollar lag, lag es in Italien bei etwas über 91.000 US-Dollar, in der Schweiz bei 227.000 US-Dollar, in Belgien bei 117.000 US-Dollar. Das Median-Vermögen ist der Betrag, der genau in der Mitte zwischen der reicheren und der ärmeren Hälfte der

Bevölkerung liegt, und gibt einen Hinweis auf die Vermögensverteilung in einem Land.

Die Ursachen für das vergleichsweise geringe Haushaltsmedianvermögen hierfür liegen unter anderem einerseits darin, dass man im europäischen Ausland deutlich häufiger über (selbst erworbenes oder auch ererbtes) Wohneigentum verfügt. Hierdurch ergibt sich natürlich rein rechnerisch ein Vermögensvorteil gegenüber einem Mieter. Da der überwiegende Teil der Bevölkerung hierzulande zur Miete wohnt, hat nur ein vergleichsweise geringer Anteil Wohneigentum vorzuweisen, während in anderen Staaten der große Teil der Bevölkerung in Wohneigentum lebt.

Andererseits ist es eine Tatsache, dass die Deutschen sich in auffallend geringem Maß über Aktien, Fonds oder ETFs an der wirtschaftlichen Entwicklung beteiligen. Aktien & Co. gelten vielfach als Zockerei; die Angst vor vorübergehenden Verlusten überwiegt die Aussicht auf positive Renditen. Die sogenannte Aktionärsquote, der Anteil der Bevölkerung mit Aktien- und Fondsbesitz, lag in Deutschland laut einer Studie des Deutschen Aktieninstituts (DAI) im Jahr 2016 bei gerade einmal 7%. Nur in Belgien und Österreich ist sie mit 5% noch geringer. In den meisten anderen entwickelten Staaten beschäftigt man sich deutlich intensiver mit aktienbasierter Geldanlage.

Land	Aktionärsquote in %	Anzahl Aktien- und Fondsbesitzer
Deutschland	7%	4.532.000
Frankreich	9%	4.200.000
Niederlande	30%	2.000.000
Spanien	33%	15.510.000
Dänemark	22%	340.800
USA	56%	183.680.000

Tabelle 1 Aktionärsquote ausgewählter Länder (Quelle: DAI, 2016)

Bei uns spart man mit stoischer Gelassenheit - oder sogar schon mit Ignoranz - lieber weiter in Sparbüchern oder Tagesgeldkonten, die seit inzwischen vielen Jahren nahezu keine sinnvollen, mindestens die Inflation ausgleichenden Renditen mehr einbringen. Oder man gibt das Geld der Bank oder der Versicherung, die sich schon um die Vermögensmehrung kümmert. Zugleich befindet sich das Rentenniveau in Deutschland aktuell bei etwa 50% des vorherigen Netto-Lohns, in Italien bei 93%, in der Schweiz bei 45%, in Belgien bei 66%.

Ein geringes Rentenniveau in Verbindung mit relativ geringem Vermögen scheint für den Einzelnen eine etwas ungünstige Kombination zu sein. Die gesetzliche Rente wird in Zukunft sogar weiter sinken müssen, denn wie soll sie im Hinblick auf den demographischen Wandel, der in den nächsten zwei Jahrzehnten zu einem immer größeren Schwinden der Erwerbsbevölkerung führt, auch weiterhin in erforderlichem Maße finanziert werden? Nach unterschiedlichen Prognosen könnte die Rente bis zum Jahr 2035 auf etwa 44% absinken, obwohl die Rentenbeiträge und die Lebensarbeitszeit weiter ansteigen werden. Das System der umlagebasierten Rentenfinanzierung ist in ihrer bisherigen Form bereits mittelfristig wohl nicht mehr zu halten, während die Politik zumindest derzeit nicht gewillt scheint, für die erforderlichen Reformen zu sorgen. Man beschwichtigt und hält sich an die berühmt gewordene Aussage von Norbert Blüm: Die Rente ist sicher. Bezüglich der Höhe der zukünftigen Rentenzahlungen hält man sich allerdings bedeckt. Wie sollte man auch anders?

Auf der anderen Seite nagt die Inflation, die nahezu kontinuierlich laufende Geldentwertung, an unseren Geldwerten. Das von der Europäischen Zentralbank erklärte Inflationsziel von zwei Prozentpunkten pro Jahr ist derzeit zwar nicht durchgehend in Sicht – vielmehr gehen gerade wieder Deflationsängste um -, aber auf die lange Frist werden wir diese Zahl im Durchschnitt wohl mindestens sehen. Auf eine Laufzeit von 25 Jahren betrachtet verliert unser Bargeld aufgrund der Inflation von 2% fast 40% an Kaufkraft: Mit Ihren auf den ersten Blick nicht unansehnlichen 1.500 Euro Rente können Sie im Jahr 2045 nur noch Waren im Wert von heutigen 900 Euro einkaufen.

Die durchschnittliche gezahlte Rente betrug im Jahr 2019 in Deutschland jedoch bereits nur etwas mehr als 1.000 Euro monatlich. Könnten Sie von (um die Inflation reduzierten) 600 Euro Kaufkraft im Monat leben? Vermutlich wird es zumindest knapp. Sie sehen, auf den Staat allein sollte man sich nicht zu sehr verlassen. Wer nicht zusätzlich selbst vorsorgt, kommt in der Zukunft offenbar stark in Bedrängnis.

Doch nicht nur das Rentenproblem ist ein starkes Argument für den eigenen Vermögensaufbau. Wer früher aufhören möchte, in einer Anstellung zu arbeiten, um einer anderen Passion nachzugehen, wer früh Geld zurücklegen möchte, damit die eigenen Kinder studieren können, ohne finanziell am Minimum zu leben, wer sich einfach etwas unabhängiger von vielen äußeren Umständen machen will, der benötigt entsprechende Rücklagen. Mit Geld kann man natürlich nicht alles kaufen. Aber die angemessenen Mittel in der Hinterhand reduziert doch oft eine ganze Menge an Sorgen und erhöht die individuell wahrgenommene (und letztlich auch die tatsächliche) Freiheit und Sicherheit. Es lohnt sich also, sich mit dem Auf- und Ausbau des eigenen Vermögens zu beschäftigen.

Warum ist es aber sinnvoll, sich allein um seinen Vermögensaufbau zu kümmern? Es gibt doch jede Menge Angebote, die das für mich erledigen? Private Rentenversicherungen, Lebensversicherungen, Riester und Rürüp, betriebliche Altersvorsorge und andere mehr oder minder stark empfohlene Konstrukte. Die kürzest mögliche Antwort auf diese Frage lautet: Aus Kostengründen und aus Renditegründen ist es sinnvoll, zumindest zusätzlich selbst aktiv zu werden.

Die meisten der von Banken und Versicherungen angebotenen Produkte, die der privaten Altersvorsorge oder dem privaten Vermögensaufbau dienen, sind schlicht höchst ineffizient. Sie sind vielfach so kompliziert, dass eine exakte Berechnung der Rendite über die gesamte Laufzeit des Investments für den privaten Anleger gar nicht möglich ist. Sie beinhalten oft so hohe Kosten, dass der große Teil der theoretisch möglichen Rendite wieder aufgefressen wird. Sie bieten für das Rentenalter teils Auszahlungsbeträge, die – besonders unter Einbezug der Inflation - so gering sind, dass sich ein Investment aus heutiger Sicht gar nicht lohnt. Erinnern Sie sich an das oben beschriebene Beispiel zur Geldentwertung? Erhalten Sie aus einem Investment in ein Rentenversicherungsprodukt in 25 Jahren eine monatliche Auszahlung von 100 Euro, so klingt das aus heutiger Sicht zuerst einmal gar nicht so schlecht. Vergessen wird allerdings, dass die Inflation dann 40% des Geldwertes bereits vernichtet hat: Mit dem 100 Euro Schein erhalten Sie dann nämlich nur noch eine Kaufkraft von 60 Euro. Es gibt vielfältige Versicherungsangebote, die mit 50 Euro an zukünftiger monatlicher Auszahlung werben. Abzüglich der Inflation bleiben Ihnen davon real 30 Euro Kaufkraft übrig. Ob ein Investment hier wirtschaftlich ist, sollte vor Vertragsabschluss zumindest gut geprüft werden.

Die meisten Vermögens- und Finanzberater verdienen nicht an Ihrem Erfolg, sondern an den Provisionen für Produkte, die sie Ihnen verkaufen. Ob Sie anschließend mehr oder weniger Geld haben, Geld verdienen oder Geld verlieren, ob Sie im Alter abgesichert sind oder Ihr Sparziel erreichen, ist der Beraterfraktion letztlich meist relativ egal. Denn sie hat ihr Geld bereits verdient. Dies ist im Übrigen auch einer der Gründe dafür, wieso Ihnen normalerweise kein Bankberater ETFs empfehlen wird: Hier gibt es einfach keine hohen Provisionen zu verdienen.

Es folgt ein großes Aber: Diese Ausführungen bedeuten natürlich nicht, dass es sinnvoll ist, alle bestehenden Altersvorsorge- und Versicherungsprodukte sofort zu kündigen. Was ich Ihnen jedoch unbedingt nahebringen möchte, ist, stets genau zu prüfen, in was Sie investieren, und sich beim Vermögensaufbau grundsätzlich auf mehrere Standbeine zu verlassen. Sie haben eine bestehende Lebensversicherung? Gut zur Streuung Ihrer Geldanlagen, sofern Sie einen Altvertrag mit einer Verzinsung haben, die diese Bezeichnung noch verdient. Sie nutzen die betriebliche Altersvorsorge? Wunderbar, aber erkundigen Sie sich – falls Sie es nicht hier und jetzt angeben können – beim nächsten Besuch des Maklers nach den genauen Kosten über die gesamte Laufzeit sowie nach der zu erwartenden Rendite auf das eingezahlte Kapital. Und reagieren Sie gegebenenfalls entsprechend, falls die Antworten unbefriedigend ausfallen. Prüfen Sie alle verfügbaren Optionen.

Wenn Sie sich selbst um Ihren Vermögensaufbau kümmern, erhalten Sie sich die volle Kontrolle über Ihre Investments. Sie bestimmen das Risikoprofil und das Renditeprofil. Sie kennen exakt die auftretenden Kosten und können bei Bedarf Alternativen suchen, die sich als kostengünstiger herausgestellt haben. Sie können stets Sparraten und Investitionen anpassen, wenn sich für Sie irgendwelche Voraussetzungen ändern. Sie können sich selbst später genau die Beträge auszahlen, die Sie für richtig und notwendig erachten, ohne an Altersgrenzen oder Laufzeiten gebunden zu sein. ETFs sind ein transparentes, kostengünstiges, effizientes und effektives Mittel, um Vermögensaufbau und Altersvorsorge selbst zu gestalten und sachgerecht umzusetzen. Alles, was Sie benötigen, ist ein wenig Interesse, Geduld sowie ein paar Grundlagen.

4 Erfolgreicher Vermögensaufbau

Welche sind die wesentlichen Faktoren, durch die ein erfolgreicher Vermögensaufbau gelingt? Ganz allgemein betrachtet sind es Langfristigkeit, die Nutzung einer stringenten Strategie, ein definiertes Risiko, im Durchschnitt positive Renditen, eine geringe Korrelation der Vermögenswerte untereinander, die Übergewichtung von Sachwerten über Geldwerte, sowie der Schutz vor Zugriff. Alle diese Punkte lassen sich mit ETFs auf eine einfache und wenig zeitaufwändige Art und Weise umsetzen.

Der Aufbau von Vermögen funktioniert nicht über Nacht. So einleuchtend dies klingt, so wenig findet die Aussage vielfach Beachtung. Es mag einige wenige Glückspilze geben, die im Lotto gewinnen, es mag auch einige unerfahrene Investoren geben, die durch Zufall oder durch das Eingehen horrender Risiken an der Börse zu finanziellem Wohlstand gelangen, der dann allerdings oft von nur geringer zeitlicher Dauer ist. Diese Ausnahmefälle haben allerdings absolut nichts Planbares. Die Hoffnung auf schnellen Reichtum kann keinesfalls Bestandteil einer Strategie sein. Was zählt, ist Geduld und Ausdauer, wie wir noch sehen werden.

Mit der Angabe völlig unrealistischer Renditen werden – meist ahnungslose – Menschen in Investments gelockt, die bei einem nur etwas genaueren Blick jegliche Balance zwischen Risiko und Rendite nicht einmal im Ansatz einhalten können. Unzählige Menschen wurden bis vor einigen Jahren in vermeintlich sichere Investments in Windparks gelockt, die unter angeblichem Ausschluss von Verlustrisiken Renditen von 7% oder mehr in Aussicht stellten. Viele dieser Windparks sind inzwischen Pleite gegangen. Die investierten Gelder durfte der Großteil der Anleger abschreiben, da es sich meist um klassische Nachrangdarlehen und nicht um besicherte Einlagen handelte, die die Investoren dem Unternehmen zur Verfügung gestellt hatten. Man muss sich bei solchen Angeboten stets die Frage stellen: Warum zahlt mir jemand 7% oder mehr an Zinsen, wenn die Banken – besonders in der aktuellen Niedrigzinsphase – guten Unternehmen Kredite zu Minizinsen hinterherwerfen? Rendite ist meist der Preis für ein übernommenes Risiko. Ist die Rendite hoch, ist – nicht immer aber meistens – das Risiko ebenfalls entsprechend erhöht.

Wer sich planbar ein Vermögen aufbauen möchte, der muss auf eine nachvollziehbare, einfache Strategie und auf Langfristigkeit setzen, ganz unabhängig davon, mit welchen Mitteln er dies erreichen will, ob als Unternehmer oder als Investor. Es gibt keine Abkürzungen. Der Hebel ist stets der Zinseszinseffekt, und dieser benötigt nun einmal Zeit, um zur Wirkung zu kommen. Wer nicht langfristig denkt, wenn es um Investments geht, der springt von einem Trend zum anderen, wechselt immer wieder die Strategie und wird auf Dauer mit hoher Wahrscheinlichkeit nicht erfolgreich sein. Gewöhnen Sie sich daher schon jetzt an, das Thema Investieren generell als Marathon zu sehen, nicht als Sprint.

Eine Strategie gibt letztlich den Weg vor, der zu beschreiten ist, um zum geplanten Ziel zu gelangen. Im Hinblick auf den Vermögensaufbau beschreibt sie – ausgehend von der Zielsetzung – den Plan, wie und auf welche Weise bis wann ein Investmentziel erreicht werden soll. Nur wenn die Strategie stimmig ist und auf realistischen Erwartungen beruht, wird sie motivierend genug sein, um auch in schwierigen Phasen das Durchhalten zu ermöglichen. Und schwierige Phasen werden unvermeidlich zwischendurch vorbeischauen. Daher ist es von hoher Wichtigkeit, sich intensiv mit der eigenen Vermögensbildungsstrategie zu beschäftigen. Der Punkt Strategie wird uns im vorliegenden Buch daher auch an gleich mehreren Stellen begegnen und aus unterschiedlichen Blickwinkeln betrachtet werden.

Eine Investmentstrategie ist nur dann erfolgreich, wenn man sie konsequent verfolgt. Wird sie ständig gewechselt, weil man ihr nicht ausreichend Vertrauen schenkt, dann kann sie ihr Potenzial nicht entfalten. Wenn ich mir als Investor im Vorfeld Gedanken gemacht habe, um eine auf meine Bedürfnisse zugeschnittene Vermögensaufbaustrategie zu erstellen, und wenn ich das erforderliche Wissen erworben habe, das ich dafür benötige, dann darf ich meiner Strategie anschließend auch vertrauen. Ich weiß in diesem Falle ganz genau, welche positive Rendite ich auf die lange Frist zu erwarten habe. Ich weiß aber auch, was im ungünstigsten Fall passieren kann, und wie ich dann zu reagieren habe.

5 Die Grundlagen des Investierens

Geld in ETFs anzulegen ist heutzutage sehr einfach und komfortabel möglich. Es geht aber nicht völlig ohne Vorbereitung. Bevor Sie mit dem Investieren Ihres hart erarbeiteten Geldes beginnen, sollten Sie sich etwas Zeit nehmen, um sich mit einigen wichtigen Grundlagen auseinanderzusetzen. Tun Sie dies nicht, so können Sie zwar schnell starten, werden aber mit hoher Wahrscheinlichkeit ebenfalls recht schnell Fehler machen, die man vermutlich sehr einfach hätte vermeiden können. Und Fehler machen bedeutet an der Börse meist: Sie verlieren Geld. Dies gilt auch für das Investieren mit ETFs.

Damit Sie von Anfang an einige wichtige Fehler und Fallen vermeiden können, beleuchten wir im Folgenden ein paar wesentliche Grundlagen der Geldanlage an den Kapitalmärkten. Ich gehe von einem allgemeinen Teil über zu den Faktoren, die speziell für die Investition in ETFs relevant sind.

Eines vorweg: Das Lernen endet nicht mit dem Ansehen einiger Videos oder dem Lesen einiger Bücher und Blogs. Märkte und Anlageprodukte verändern sich. Ebenso ändert sich das Verhalten der Marktteilnehmer, die Ihnen ihre Produkte verkaufen wollen. Ein souveräner Investor ist stets aufmerksam, beobachtet solche Vorgänge, und er bildet sich vor allem ständig ein wenig weiter. Das muss nicht viel Zeit in Anspruch nehmen, hilft aber, auch in Zukunft Fehler zu vermeiden und einfach besser auf sein Geld aufzupassen.

Die gute Nachricht: Wenn Sie sich entscheiden, Investor zu werden, ganz gleich ob mit großen oder zu Beginn mit kleineren Geldbeträgen, dann werden Sie bereits automatisch für Themen rund um das Investieren sensibler und beobachten Entwicklungen von sich aus etwas genauer.

5.1 Die Zielsetzung beim Investieren

Zu Beginn einer neuen Aktivität sollten Sie sich stets ausreichend Zeit nehmen, um sich über Ihre Ziele klar zu werden. Die Geldanlage stellt hier keine Ausnahme dar. Wenn Sie wissen, was genau Sie erreichen möchten, so sind Sie motivierter, planen klarer und vermeiden Dinge, die kurzfristig vielleicht lukrativ aussehen, Sie aber Ihrem längerfristigen Ziel nicht näherbringen.

Wie steht es mit Ihrer Zielsetzung in Bezug auf das Investieren? Möchten Sie neben der gesetzlichen Rente ganz einfach ein weiteres Standbein für Ihre Altersvorsorge aufstellen? Wie viel Geld werden Sie später monatlich überhaupt benötigen? Kennen Sie die voraussichtliche Höhe Ihrer gesetzlichen Rente? Wenn Sie nach dem Jahr 2035 in Rente gehen möchten, sollten Sie – sofern Sie regulär als Arbeitnehmerin oder Arbeitnehmer beschäftigt sind - mit nicht mehr als 35% bis 40% Ihres aktuellen Nettoeinkommens rechnen. Auf einen Wert in dieser Höhe könnte die Rente aktuellen Abschätzungen nach sinken. Falls dies durch umfassendere Reformen nicht geschieht, umso besser.

Sind Sie selbständig, so müssen Sie ganz oder zumindest fast ohne gesetzliche Rentenzahlungen auskommen und entsprechend mehr selbst vorsorgen. Rechnen Sie die Inflation mit ein, die eine signifikante Auswirkung auf den zum Lebensunterhalt erforderlichen Geldbetrag hat! Die praktische 72er-Faustregel hilft, die Auswirkungen der Inflation recht gut abzuschätzen: Angenommen, die durchschnittliche Inflation beträgt jährlich zwei Prozent - so lautet immerhin das erklärte Ziel der Europäischen Zentralbank -, dann teilen Sie die Zahl 72 durch die 2. Das Ergebnis zeigt ziemlich genau die Anzahl der Jahre an, die die Inflation benötigt, um Ihr Geld um die Hälfte zu entwerten: Nach 36 Jahren hat Ihr Geld nur noch eine Kaufkraft von etwa 50%.

Vielleicht möchten Sie als Investmentziel aber auch für Ihre Kinder Geld ansparen und anlegen, um diesen einen finanziellen Vorteil beim Start in das eigene, selbständige Leben mitzugeben? Welche Summe ist in diesem Zusammenhang wünschenswert und angemessen? Falls Ihre Kinder später studieren wollen, wie sieht es dann mit der Finanzierung aus?

Möchten Sie Bargeld, das Sie im Moment eher ungenutzt herumliegen haben, vor dem Verfall durch Inflation oder sogar Negativzinsen schützen? Unter welchen Bedingungen Sie solche ungenutzten Gelder in ETFs anlegen können und wann dies nicht sinnvoll ist, besprechen wir in Kürze.

Wann benötigen Sie überhaupt das Ergebnis aller Ihrer Investitionsbemühungen? In drei Jahren? In fünf Jahren? Oder erst in 20, 30 oder mehr Jahren? ETFs eignen sich aufgrund der zu erwartenden, zwischenzeitlichen Wertschwankungen nicht für zu kurze Investitionszeiträume.

Sind Sie im Leben eher der risikofreudige Typ oder sind Sie tendenziell risikoavers und vermeiden gern jegliche Risiken? Diese Frage wird uns später detailliert beschäftigen, wenn es um die Zusammenstellung Ihres ETF-Portfolios geht. Eines vorweg: Auch eher risikoscheue Investoren können in ETFs investieren. Wie wir sehen werden, lässt sich das gewünschte Gesamtrisiko nämlich recht gut einstellen.

Diese und ähnliche Fragestellungen sollten Sie sich jedenfalls einmal vornehmen und ganz in Ruhe für sich beantworten. Vielleicht machen Sie sich sogar schriftliche Notizen und erstellen Ihren persönlichen „Businessplan“ für Ihr „Geschäft“ als Investor. Damit ausgerüstet wird es Ihnen gelingen, zukünftig am Ball zu bleiben und Ihr Ziel nicht aus den Augen zu verlieren.

5.2 Wie viel Geld können Sie anlegen?

Bevor Sie den ersten Euro investieren – und es ist im Grunde genommen völlig egal, in was Sie ihn anlegen möchten – sollten Sie sich unbedingt Gedanken darüber machen, wie viel Geld Sie überhaupt dafür zur Verfügung haben. Ein Grundsatz besagt: Investieren Sie nur Geld, das Sie wirklich übrig haben. Ob dieser Betrag groß oder klein ist, spielt keine Rolle. Ob Sie mit 25 Euro im Monat einen ETF-Sparplan eröffnen oder ob Sie in der Situation sind, 1000 Euro monatlich anlegen zu können, ist letztlich nicht relevant. Wichtig ist nur, dass das Geld auf die Frist von einigen Jahren wirklich nicht an anderer Stelle gebraucht wird.

Private Finanzen lassen sich im Allgemeinen – das bedeutet für den Fall nicht zu geringer und nicht zu hoher Einkünfte beziehungsweise Vermögen – in vier Teilbereiche aufgliedern: die laufenden Ausgaben, die Reserve für Notfälle, das Geld für größere mittelfristige Anschaffungen sowie das Kapital für Vermögensaufbau und Altersvorsorge.

Die laufenden Ausgaben für Miete, Versicherungen, Einkäufe und so weiter sollten selbstverständlich stets gedeckt und sichergestellt sein. Es macht keinen Sinn, ein ETF-Portfolio einzurichten, das Ihnen im Jahr eine Rendite von 6% oder 8% einbringt, wenn Sie für laufende Ausgaben regelmäßig einen Dispositionskredit Ihrer Hausbank in Anspruch nehmen müssen, der Sie 12% oder 14% Zinsen kostet. Ein oder zwei monatliche Nettogehälter gehören jederzeit verfügbar auf das Girokonto.

Die finanzielle Reserve für Notfälle sollte mindestens aus nochmals etwa zwei Nettogehältern bestehen. Sie kommt für ungeplante kurzfristige Ausgaben zum Einsatz. Ist plötzlich die Waschmaschine defekt oder das Auto muss zur Reparatur, dann zahlt dies Ihre Reserve. Sie muss sicher und schnell verfügbar sein und darf sich deshalb beispielsweise auf einem (wenn auch nur gering) verzinsten Tagesgeldkonto befinden.

Der dritte Teilbereich wird von angespartem Geld für geplante Anschaffungen gebildet. Wenn Sie wissen, dass Sie in vier Jahren eine neue Küche anschaffen, ein neues Auto kaufen, eine Eigentumswohnung finanzieren oder die Heizungsanlage in Ihrem Haus austauschen möchten, dann sollte das Geld zum geplanten Zeitpunkt auch zügig und vollständig verfügbar sein. Sie können es für die Zeit davor beispielsweise in Festgeld mit entsprechender Laufzeit anlegen. Hier gibt es derzeit nur geringe Zinsen, allerdings sind sie meist doch noch höher als bei Tagesgeldkonten.

Sind diese drei Teilbereiche abgedeckt, ergibt sich das Budget, das Sie prinzipiell für Investments – den vierten

Bereich der privaten Finanzen - zur Verfügung haben. Die vorgeschlagene Aufteilung ist natürlich nicht in Stein gemeißelt und sollte immer vor dem Hintergrund der ganz persönlichen Erfordernisse und Ansprüche betrachtet werden. Letztlich muss sich jeder selbst Gedanken darüber machen, welche Beträge er wie zur Verfügung haben möchte oder muss. Beantworten Sie etwa folgende Fragen: Wie viel Geld benötigen Sie unbedingt für Ihre monatlichen Ausgaben? Wo verbergen sich regelmäßige Ausgaben, die Sie reduzieren oder sogar einsparen könnten? Was ist dafür zu tun? Wie sieht es mit Ihren weiteren Rücklagen aus? Wie viele Monate kommen Sie und Ihre Familie aus, wenn plötzlich Ihre hauptsächlichen Einkommensquellen ausfallen? Die aktuell laufende Coronavirus-Pandemie hat bei Millionen Menschen für Kurzarbeit gesorgt. Ob und wie viele Unternehmen im Nachgang in die Insolvenz laufen werden, wird sich noch zeigen. Wie ist Ihr Reserveplan für eine solche Situation?

Wenn sich bei Ihrer Analyse herausstellen sollte, dass Sie aktuell kein Budget mehr für Investments übrig haben, dann sollten Sie zuerst einmal auch nicht investieren. Sie sollten das ganze Thema aber auch nicht auf sich beruhen lassen. Machen Sie einen privaten Kassensturz und untersuchen Sie im Detail, ob es irgendwo Einsparpotenzial gibt. Man findet bei genauer Betrachtung eigentlich immer die eine oder andere Möglichkeit. Können Sie ein paar Euro dazuverdienen? Kommt ein Nebenjob infrage, dessen Erlös Sie für Investitionszwecke nutzen können? Können Sie auf regelmäßiger Basis die eine oder andere bezahlte Überstunde leisten?

Ist geklärt, wie viel Geld Sie für den Aufbau eines ETF-Portfolios überhaupt zur Verfügung haben und investieren könnten, sollten Sie sich vor dem Start noch mit einem weiteren wichtigen Aspekt beschäftigen, der Ihnen vielleicht auf den ersten Blick etwas merkwürdig erscheinen mag: Es handelt sich um die Auswirkung der Schwankungen an den Kapitalmärkten auf Ihr Wohlbefinden. An der Börse geht es teilweise sehr holprig zu. Wir sahen das gerade wieder anhand der durch die Coronaviren-Pandemie verursachten Börsenturbulenzen, die dazu führten, dass beispielsweise der bekannte amerikanische S&P500 Index an der Spitze um etwa 35% einbrach. Der deutsche Leitindex DAX brach an der Spitze um ca. 38% ein. Schauen Sie sich einmal Abb. 1 an.

Was passiert in Ihnen, wenn Sie in Wertpapiere investiert sind, die derartige Kursverluste in einem kurzen Zeitraum aufweisen? Müssen Sie befürchten, dass Sie panisch verkaufen? Oder können Sie die Situation vermutlich ganz gut und vielleicht sogar ganz entspannt aussitzen und warten, bis sich die Kurse erholen, weil Sie wissen, dass Sie aktuell auf das Geld verzichten können und das investierte Kapital nicht zu groß ist? Diese Fragestellung ist außerordentlich wichtig und kann unter Umständen entscheidend für Ihren Investmenterfolg sein. Oder für Ihren Misserfolg.

In der langen Frist müssen sich Börsenkurse mehr der minder zwangsläufig positiv entwickeln. Warum wir dies annehmen dürfen, darauf gehen wir im weiteren Verlauf des Buches noch weiter ein. Einer der Hauptgründe, warum viele private Anleger in einer plötzlichen starken Schwächephase der Märkte trotzdem regelmäßig in Panik verkaufen, ist, dass sie das Geld eigentlich mittelfristig bereits verplant haben! Sie verkaufen nun mit hohen Verlusten, weil sie gerade zusehen müssen, wie die geplante Anschaffung, der Urlaub oder das neue Auto in weite Ferne rücken, und wollen zumindest einen Teil ihres Geldes retten. Faktisch haben sie das Geld also eben nicht übrig.

Abb. 1 S&P500 und DAX30 im Zeitverlauf. Immer wieder treten größere Schwankungen an den Börsenmärkten auf. Der Einbruch der Indizes im Frühjahr 2020 war der schwerwiegendste der letzten Jahre. Dennoch befinden sich beide Indizes aktuell auf einem neuen Allzeithoch.

Ein weiterer wesentlicher Grund für Panikverkäufe ist, dass zu große Beträge investiert wurden. Besonders für Einsteiger ist es schwierig, zu sehen, wie das investierte Kapital eine Zeitlang immer weniger wird, weil die Märkte gerade fallen. Je höher der investierte Betrag, desto höher sind auch die zwischenzeitlichen Buchverluste. Kleinere Investments machen hier weniger Bauchschmerzen als große. Beginnen Sie mit Ihrer Karriere als ETF-Investor also lieber langsam, mit geringeren Geldbeträgen und kleinen Schritten, und tasten Sie sich an die Materie heran.

Märkte werden steigen, während Sie investiert sind, und sie werden fallen, während Sie investiert sind. Das ist ein grundlegendes Prinzip. Nur, weil wir in den letzten 10 Jahren einen einzigartigen Börsenmarkt nahezu kontinuierlich steigender und kaum fallender Preise gesehen haben, bedeutet dies nicht, dass es so bleiben wird. Die kalte Dusche kam nun, und zwar in Form der inzwischen weltweit auftretenden Viruserkrankung COVID-19. Sie hat vom Profi bis zum privaten Kleinanleger alle Gruppen erfasst. Viele private Investoren, darunter auch einige der bekannteren Youtuber und Finanzblogger, haben daraufhin aufgegeben, weil sie es nicht schafften, mit den Ereignissen sachgerecht umzugehen. Ihnen fehlte es schlicht an Erfahrung, die sie in der langen Zeit der steigenden Märkte nicht machen konnten.

Geldbeträge, die Sie in ETFs investieren wollen, sollten Sie auf eine Frist von mindestens fünf Jahren oder mehr nicht benötigen. Je länger der Zeitraum der Investitionen, desto besser. Diesen Punkt schauen wir uns noch im Detail an. Die absoluten Beträge, die Sie anlegen, sollten nur so groß sein, dass Sie mit einem zeitweisen, deutlichen Einbruch gut leben können.

Im weiteren Verlauf des Buches finden Sie ein Kapitel, das sich damit beschäftigt, wie man in Crashs und fallenden Märkten gut und angemessen reagiert und wie man mit ihnen entspannt umgehen kann. Dieses Thema wird Sie in Ihrer zukünftigen Praxis als Investor früher oder später mit Sicherheit beschäftigen. Wer einen Plan hat und weiß, wann und wie er zu reagieren hat, wer definierte Risiken eingeht, der kann Verlustphasen ohne schlaflose Nächte überstehen.

5.3 Wie erschaffen Sie ein (kleines) Vermögen mit ETFs?

Mit Investments in ETFs möchten wir Investoren auf eine einfache, transparente und wenig aufwändige Weise an den weltweiten Kapitalmärkten teilhaben und von der wirtschaftlichen Entwicklung und dem technischen Fortschritt unmittelbar profitieren. Die weltweiten Aktienmärkte stiegen in den letzten fünf Jahrzehnten im Durchschnitt jährlich um etwa 7% - inklusive aller reinvestierten Gewinnausschüttungen der enthaltenen Unternehmen (Dividenden). Investieren wir in diese - beispielsweise über einen breit gestreuten ETF -, so können wir langfristig im Schnitt etwa eine solche Rendite erwarten. Es gehen natürlich die Kauf- bzw. Verkaufsgebühren (Transaktionskosten) ab, sowie laufenden Gebühren, die bei ETFs in der Regel aber – je nach ETF und Anbieter - nur im sehr niedrigen Bereich von 0,1% bis 0,7% liegen, sowie gegebenenfalls die Steuern bei Realisierung oder Wiederanlage, falls die jährlichen Freibeträge vom Gewinn überschritten werden. Derzeit wird die zu zahlende Abgeltungssteuer in Höhe von 25% plus Solidaritätszuschlag (der auch 2021 für Aktien- und ETF-Geschäfte nicht abgeschafft wurde) veranschlagt. Hinzu kommt außerdem gegebenenfalls noch die Kirchensteuer.

Eine kleine Einschränkung ist an dieser Stelle erforderlich, auch wenn dies dem Inhalt des Buches vorgreift: Eine durchschnittliche Rendite von 7% im Jahr gelingt nur mit einer reinen, also hundertprozentigen Anlage in Aktien-ETFs, denn genau hierauf beziehen sich die erhobenen Daten. Ein solches Vorgehen bringt natürlich auch das Risiko von zeitweisen starken Verlusten mit sich und ist in den meisten Fällen nicht angemessen. Die Lösung zur Reduzierung dieser zu erwartenden Verluste liegt darin, dass man nicht ausschließlich in aktienbasierte ETFs investiert, sondern einen Teil des verfügbaren Kapitals in sogenannte risikoarme Investments steckt. Mehr dazu später. Für die nachfolgenden Beispiele bleiben wir einstweilen beim reinen Aktien-ETF, denn wir wollen uns einmal anschauen, was der vielgepriesene Zinseszinseffekt auf die lange Betrachtungsdauer bewirkt. Die Rechnungen können Sie einfach mit einem Zinseszins-Rechner nachvollziehen, von welchen unzählige im Internet zu finden sind.

Was wird aus einem Geldbetrag von 5.000 Euro, der einmalig vollständig in breit gestreute Aktien-ETFs angelegt wird, wenn wir einmal ganz defensiv eine jährliche Durchschnittsrendite von 6% unterstellen? Zur Vereinfachung lassen wir die Steuern außen vor und nehmen (einmalige) Ordergebühren von 0,2% und laufende Kosten von 0,37% an.

Nach 10 Jahren hat sich Ihr Vermögen nach Kosten auf 8.629,26 Euro erhöht. Das ergibt eine Nettorendite (vor Steuern) von 5,61% und 3.629,26 Euro an Kapitalzuwachs.

Lassen wir das Ganze anstatt für 10 Jahre nun für 30 Jahre laufen, so wird aus den anfangs eingezahlten 5000 Euro ein Endvermögen von 25.805,90 Euro mit 20.805,90 Euro Kapitalzuwachs. Ganz gut, oder? Machen Sie die Vergleichsrechnung doch einmal mit dem derzeit verfügbaren Tagesgeld-Zinssatz von 0,1%!

Machen wir einen zweiten Versuch:

Wir legen einmalig 5000 Euro an, zahlen aber zusätzlich noch 100 Euro jeden Monat auf das Depot ein, die ebenfalls unmittelbar investiert werden. Dies ist über ETF-Sparpläne sehr einfach und unkompliziert machbar, wie wir später noch im Detail betrachten werden. Die angenommene Rendite ist wieder 6% abzüglich der oben angegebenen Kosten,

Steuern werden vernachlässigt. Wie wirkt sich die zusätzliche monatliche Rate auf unser Endvermögen aus?

Nach 10 Jahren hat sich Ihr Vermögen nun auf 25.720,21 Euro erhöht. Sie haben in dieser Zeit insgesamt 17.000 Euro eingezahlt und erhalten einen Kapitalzuwachs von 8.720,21 Euro.

Lassen wir das Ganze anstatt 10 Jahre nun 30 Jahre lang laufen, so ergibt sich ein Endvermögen von 119.285.60 Euro mit einem Kapitalzuwachs von 78.285,60 Euro. Sie haben in dieser Zeit insgesamt 41.000 Euro eingezahlt. Den Rest macht allein der Zinseszinseffekt, der sich mit längerer Laufzeit immer stärker bemerkbar macht.

Das ist doch nun schon recht beeindruckend, oder? Nochmals, der Endbetrag von fast 120.000 Euro wird – unter den gegebenen Voraussetzungen – generiert aus einer Einmalanlage von 5000 Euro und einer monatlichen Sparrate von 100 Euro. Versuchen Sie das im Zinseszins-Rechner mit Sparbuch und Tagesgeldkonto! Wie viele Jahre benötigen Sie für einen solchen Endbetrag, wenn Sie aktuelle Tagesgeldzinssätze von vielleicht 0,1% oder 0,3% verwenden?

In der nachfolgenden Abbildung 2 finden Sie ein weiteres Berechnungsbeispiel, das den Zinseszinseffekt noch einmal grafisch verdeutlichen soll.

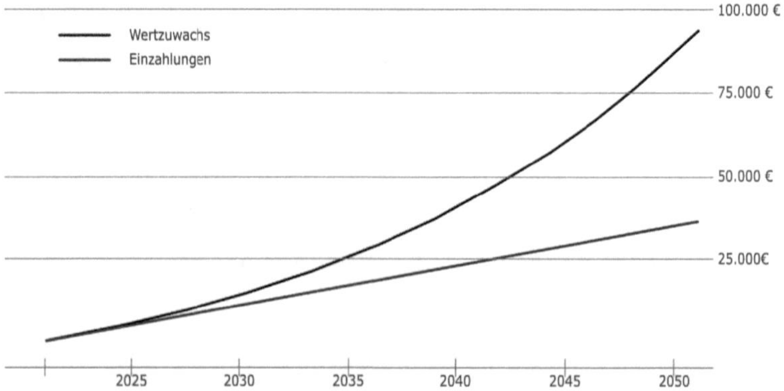

Abb. 2 Der Zinseszinseffekt. Die untere Linie zeigt die eingezahlte Ansparsumme von 100 Euro im Monat. Wir beginnen im Jahr 2020 und lassen das Investment bis 2050, also 30 Jahre lang, laufen. Die obere Linie zeigt die Vermögensentwicklung, wenn eine Verzinsung der eingezahlten Beträge mit den im Text angegebenen Parametern vorliegt. Der Zinseszinseffekt sorgt für eine immer stärker werdende Zunahme des Vermögens in Abhängigkeit der Zeit. Je größer die Anlagedauer, desto stärker ist der Effekt.

Was können wir mit Hilfe dieser Beispiele lernen, wenn es um den Aufbau von Vermögen geht? Erstens gilt: Wenn Sie zu Beginn keine wirklich große Einmalzahlung vornehmen können oder wollen, sollten Sie der anfänglichen Investitionssumme regelmäßig frisches Kapital zufügen. Das geht einfach in Form einer regelmäßigen Sparrate. Ob Sie dies monatlich, quartalsweise oder sogar jährlich machen, ist eigentlich nicht relevant. Was zählt, ist die Regelmäßigkeit. Eine Einmalzahlung markiert insofern nur einen Startzeitpunkt für Ihre Geldanlage. Das regelmäßige Ansparen sorgt erst dafür, dass das Investment in einer definierten Zeit so richtig an Fahrt gewinnt. Es sei denn, Sie haben einen sehr großen Geldbetrag zur Verfügung, der vielleicht mindestens sechsstellig ist. Hier lohnt sich eine Einmalanlage aus Gründen des zu erwartenden, absoluten Kapitalzuwachses durchaus: 7% Durchschnittsrendite auf ein investiertes Kapital von 300.000 Euro bringen jährlich immerhin respektable 21.000 Euro Wertsteigerung vor Steuern.

Sollten Sie als Investor gerade erst beginnen, ist es allerdings aus anderen Gründen eher ungünstig, einen so großen Betrag auf einmal zu investieren. Mehr dazu finden Sie im Kapitel über Risiken. Für das regelmäßige Ansparen bieten ETF-Sparpläne eine exzellente und sehr einfach zu handhabende Möglichkeit.

Die zweite Sache, die wir aus den oben genannten Beispielen lernen können: Der Faktor Zeit ist entscheidend. Je länger eine Investition der Verzinsung ausgesetzt ist, desto schneller entwickelt sich im Laufe der Zeit der Kapitalzuwachs je Zeiteinheit. Vergleichen Sie einmal die Endbeträge der 10-jährigen mit der 30-jährigen Investition im Beispiel mit der 5000 Euro Einmalanlage. Nach 10 Jahren ist Ihr Kapital noch nicht einmal verdoppelt. Nach 30 Jahren hingegen hat es sich insgesamt mehr als verfünffacht. Ein gigantischer Unterschied.

Nicht jeder Investor hat beliebig viel Zeit. Es kommt ganz darauf an, mit welchem Alter Sie beginnen, wie viel Kapital Sie zur Verfügung haben und wann Sie das Geld letztlich benötigen oder verwenden möchten. Ganz gleich, welche Situation bei Ihnen vorliegt, versuchen Sie unbedingt, einen möglichst langen Zeitraum für Ihr Investment zu wählen, damit der Zinseszinseffekt möglichst lange und umfassend arbeiten kann. Zu kurze Planungszeiträume setzen Sie zudem den natürlichen Schwankungen der Märkte stärker aus. Auch zu diesem Aspekt mehr im weiteren Verlauf des vorliegenden Buches.

5.4 Ein paar Worte zu Diversifikation

Wenn es um den Aufbau und den Schutz von Vermögen geht, kommt man um das Thema Diversifikation nicht herum. Diversifikation bedeutet die Streuung beziehungsweise die Verteilung seiner Investments über unterschiedliche Anlageklassen oder Vermögenswerte. Warum ist eine breite Streuung wichtig? Der Grund dafür ist, dass jede Anlageklasse und jeder Vermögenswert unterschiedlichen Risiken ausgesetzt ist, die den Bestand gefährden oder den Wert - zumindest vorübergehend - deutlich mindern können. Aktienmärkte können in einen Bärenmarkt geraten und mehrere Jahre lang fallen. Bargeld ist der ständigen Entwertung durch die Inflation ausgesetzt. Rohstoffe können in konjunkturellen Flauten deutlich im Preis einbüßen, weil die Nachfrage sinkt.

Verteilen Sie Ihr Vermögen auf unterschiedliche Anlagen, deren Verhalten und deren Wertentwicklung möglichst unabhängig voneinander ist – man spricht hier von einer „geringen Korrelation" – so können Sie Wertschwankungen in Ihrem Vermögen reduzieren und sogar Wertvernichtung vermeiden. Sie reduzieren also Risiken für Ihr Vermögen.

Was bedeutet dies für Ihr Vorhaben, Geld in ETFs anzulegen? Hierzu lassen sich insbesondere zwei Punkte nennen. Erstens sollten Sie nicht Ihr gesamtes freies Kapital in eine Anlageform, etwa ETFs, stecken. Besser ist es, wenn Sie sich Gedanken machen, welche weiteren Anlageformen bzw. Vermögenswerte Sie nutzen können, um Ihr persönliches Vermögensrisiko auf unterschiedliche Elemente aufzuteilen. Eine kurze Einführung in die wichtigsten Optionen finden Sie nachfolgend. Eine detaillierte Ausarbeitung ist im Rahmen des vorliegenden Buches allerdings nicht möglich. Ich möchte Ihnen aber unbedingt einen Anreiz geben, sich mit der Thematik der Diversifikation von Vermögen weitergehend auseinanderzusetzen.

Zweitens – und hier sind wir unmittelbar beim Thema ETF-Investments – kann es sehr hilfreich und nützlich sein, dass Sie mittel- und langfristig nicht nur in einen einzelnen ETF investieren, sondern in ein Set von ETFs (ein sogenanntes

Portfolio), mit denen Sie unterschiedliche Anlageklassen abdecken. Wie bereits erwähnt, können Sie hierdurch Schwankungsrisiken teils recht deutlich reduzieren und unter Umständen sogar die Gesamtperformance Ihres Investments verbessern. Welche Anlageklassen sich mit ETFs abdecken lassen, wann welche Klassen Sinn machen und worauf grundlegend zu achten ist, betrachten wir noch im Detail.

5.5 Vermögenswerte und ihre Eigenschaften

Auch wenn es im vorliegenden Buch um das Investment in ETFs geht, macht es Sinn, sich einen kurzen Überblick über die unterschiedlichen, verfügbaren Anlageklassen und Vermögenswerte (Assets) zu verschaffen. Der Grund dafür liegt in der Tatsache, dass das Investment in eine bestimmte Anlageklasse immer vor dem Hintergrund der gesamten Vermögenssituation des Investors betrachtet werden sollte, um mögliche Risiken aufzudecken und angemessen handhaben zu können. Zudem lassen sich – wie im vorhergehenden Kapitel über die Diversifikation beschrieben – mit ETFs nicht nur Aktienmärkte abdecken, sondern weitere, wie etwa Anleihenmärkte, Rohstoffmärkte oder Immobilienmärkte. Selbst wenn Sie einstweilen vorhaben, mittels einer Geldanlage in ETFs nur an den Aktienmärkten teilzuhaben, da diese - wie noch zu zeigen ist – die höchste langfristige Durchschnittsrendite einbringen, sollten Sie sich die folgenden Ausführungen einmal kurz anschauen.

5.5.1 Bargeld, Liquidität

Bargeld gilt weitläufig als der risikoärmste Vermögenswert. Diesem Trugschluss folgte schon die Oma mit ihrem berühmten Sparstrumpf unter dem Kopfkissen. Neben Münzen und Scheinen zählen zu Barbeständen alle schnell verfügbaren Geldmittel, also Beträge auf Girokonten, Tagesgeldkonten, Festgeldkonten und in Geldmarktfonds.

Der Hauptvorteil der schnellen und sicheren Verfügbarkeit liquider Mittel hat ihren Preis: Es gibt aktuell (und wahrscheinlich auch dauerhaft) nahezu keine positiven Renditen mehr auf Sparbücher und Tagesgeld. Im Gegenteil, Ihr Geld verliert durch die Inflation permanent schleichend an Wert. Erhalten Sie auf dem Tagesgeldkonto oder dem Festgeldkonto keinen Zins, der oberhalb der bestehenden Inflation liegt, so werden Sie also kontinuierlich ärmer.

Einige Banken verlangen für größere Bareinlagen zudem bereits einen Negativzins von privaten Kunden. Meiner Vermutung nach ist es allerdings nur eine Frage der Zeit, bis Negativzinsen auch für geringere Guthaben veranschlagt werden. Die ersten Banken versuchen, dies inzwischen etwa bei Neuverträgen für Tagesgeldkonten durchzubringen. Ihr Barvermögen ist also zukünftig von gleich zwei Seiten bedroht: Inflation und Negativzinsen.

Auch ohne Inflation und Negativzinsen ist Ihr Bargeld allerdings alles andere als „sicher". Sollte Ihre Bank pleitegehen, so gibt es in Deutschland und der EU zwar eine verpflichtende, gesetzliche Einlagensicherung für Guthaben bis zu einem Höchstbetrag von 100.000 Euro. In der Praxis - und wenn wir einmal ein wenig schwarzmalen - ist aber fraglich, ob Sie Ihr Geld im Falle des Falles wirklich wiedersehen. Handelt es sich bei Ihrer Hausbank nämlich um eine sogenannte „systemrelevante" Großbank, die insolvent wird, so entsprechen die aus der zugesicherten Einlagensicherung resultierenden Forderungen einem Vielfachen dessen, was der Bundeshaushalt hergibt. Wer bekommt dann zuerst sein Geld zurück, und wer wird nachrangig behandelt? Nimmt man für die Auszahlung an private Gläubiger neue Staatsschulden auf? Oder vertröstet man auf andere Weise? Man weiß es nicht, und wir kommen hoffentlich auch nie in eine derart katastrophale Situation.

Ganz verzichten lässt sich auf liquide Mittel hingegen sowieso nicht, wie wir bereits gesehen haben. Sie sind wichtig, um unvorhergesehene Ausgaben kurzfristig bedienen zu können. Sollten Sie erst Ihr ETF-Paket verkaufen müssen, um eine dringend benötigte neue Waschmaschine bezahlen zu können, so haben Sie ein Problem, falls die Kurse gerade massiv eingebrochen sind und Sie sich mit Ihrem Investment eine Zeitlang im Verlust befinden.

Welche Möglichkeiten gibt es nun, notwendige Bargeldbestände anzulegen, ohne an der schnellen Verfügbarkeit einzubüßen? Die Optionen hier sind aktuell sehr begrenzt. Vor allem sollten Sie nicht mit nennenswerten Renditen rechnen. Erforderliche Barbestände oberhalb von 100.000 Euro sollte man – wegen der hoffentlich nie zum Tragen kommenden Einlagensicherung – auf unterschiedliche Banken aufteilen. Achtung: Manche Banken gehören zusammen. Hier greift die Einlagensicherung insgesamt dann oft nur einmalig für den Höchstbetrag.

Tagesgeldkonten bieten sich an, um Bargeld zu parken. Hier gibt es allerdings nur Mini-Zinsen, die deutlich unterhalb der von der EZB angestrebten Inflation in Höhe von 2% pro Jahr liegen. Wer Festgeldkonten nutzen möchte, die einen etwas höheren Zins als Tagesgeldkonten hergeben, sollte – wegen der Anforderung an schnelle Verfügbarkeit – kurzlaufende Festgeldverträge mit einer Laufzeit von zwei oder drei Jahren wählen. Auch Geldmarktfonds können hilfreich sein. Diese Konstruktionen investieren in unterschiedliche Geldmarktinstrumente. Sie sind tendenziell sehr schwankungsarm, allerdings nicht vollständig sicher vor Kursschwankungen und der Zahlungsunfähigkeit einzelner Vertragspartner.

5.5.2 Aktien und Aktienfonds

Aktien sind Anteile an einem Unternehmen, die Sie mit dem Kauf einer Aktie erwerben. Das ausgebende Unternehmen beschafft sich mit der Aktienausgabe Kapital, das es im Unternehmen für die Geschäftsentwicklung verwenden kann. Der Käufer der Aktie, der Anteilseigner oder Aktionär, partizipiert im Gegenzug vom Erfolg des Unternehmens. Dies kann in Form von Kurssteigerungen erfolgen oder etwa in Form von Dividenden und Sonderausschüttungen.

Dividenden sind - im Idealfall regelmäßige - Ausschüttungen von Anteilen am Gewinn, meist in Form eines Geldbetrages, seltener in Form von Aktien oder sogar Naturalien. Während europäische Unternehmen meist einmal im Jahr Dividenden zahlen, ist es in USA üblich, sie quartalsweise auszuschütten.

Die Aktienpreise (Aktienkurse) eines Unternehmens können massiv schwanken. Hieraus ergibt sich auch unmittelbar das Risiko, das der Aktionär trägt: Er kann kräftige Verluste einfahren. Geht das Unternehmen gar in die Insolvenz, so verliert er im Allgemeinen sein gesamtes Investment, da es nicht speziell besichert ist. Er hat gegen das Unternehmen keinerlei Anspruch auf gesonderte Erstattung und wird als Gläubiger erst dann ausbezahlt, wenn alle anderen Gläubiger des insolventen Unternehmens bedient wurden.

Aktienfonds sind bildlich dargestellt Körbe von Aktien, die nach bestimmten Kriterien zusammengestellt werden. Ein Aktienfonds kann beispielsweise in alle Werte des amerikanischen S&P500 Index investieren, um die Performance des Index nachzuvollziehen. Der Vorteil von Fonds im Vergleich zu Einzelaktien ist, dass man das Risiko auf viele unterschiedliche Elemente streut, also verteilt. Geht ein einzelnes Unternehmen im S&P500 plötzlich Pleite, ist das Geld, das Sie als Investor in dieses investiert haben, im Normalfall verloren. Besitzen Sie allerdings einen den Index nachbildenden Aktienfonds, so werden Sie die Pleite vermutlich nur geringfügig merken: Der Fonds fällt gegebenenfalls ein wenig. Sie sind weiterhin im Spiel, denn Ihr Fonds besteht ja noch aus unzähligen weiteren Aktien.

Aktien und Aktienfonds sind die klassischen Vermögenswerte schlechthin, bei denen ein grundsätzlich höheres Risiko einer guten Rendite gegenübersteht. Auf die lange Frist bieten Aktien die höchste Rendite aller verfügbaren Anlageklassen. Sie liegt im langfristigen Durchschnitt deutlich über der in der EU angepeilten Inflationsrate von 2%, so dass sich mit Aktien und Aktienfonds langfristig sehr gut ein Vermögensaufbau betreiben lässt.

5.5.3 Anleihen

Anleihen sind sogenannte festverzinsliche Wertpapiere, auch Renten genannt. Sie können genutzt werden, um Geldbestände kurz- oder auch langfristig anzulegen. Man unterscheidet grundsätzlich zwei Arten, nämlich Staatsanleihen und Unternehmensanleihen, je nachdem, ob der Emittent ein Staat oder ein Unternehmen ist. Vergleichbar sind Anleihen am besten mit einem Kredit: Der Investor leiht dem Staat oder dem Unternehmen für eine festgelegte Zeit Kapital und erhält dafür im Gegenzug eine vorher vereinbarte, feste Verzinsung. Der Herausgeber der Anleihe wird dem Investor gegenüber zum Schuldner.

Vorteile der Geldanlage in Anleihen sind ihre Transparenz, die Einfachheit der Gestaltung und die Planbarkeit der Einkünfte. Im Gegensatz zu Aktien sind Unternehmensanleihen nicht abhängig vom wirtschaftlichen Erfolg des Unternehmens. Können die Zahlungsverpflichtungen nicht oder nicht mehr beglichen werden, beziehungsweise fällt der Herausgeber der Anleihen generell in Insolvenz, so werden Gläubiger aus Anleihenkäufen vorrangig behandelt. Wie beschrieben, ist dies bei Aktieninhabern nicht der Fall. Aber Vorsicht: Eine vorrangige Behandlung bei der Bedienung aus der Insolvenzmasse ist noch lange keine

Garantie dafür, dass der Investor sein eingesetztes Kapital auch in voller Höhe zurückerhält.

Auch Staatsanleihen sind nicht an irgendwelche Erfolge des ausgebenden Staates gekoppelt.

Risiken bei der Investition in Anleihen ergeben sich speziell aus der Bonität, der Kreditwürdigkeit, des Schuldners und durch die Laufzeit der Anleihe, die Zinsänderungsrisiken und weitergehende Ausfallrisiken mitbestimmt. Je kürzer die Laufzeit und je besser die Bonität des Schuldners, desto geringer ist grundsätzlich das Ausfallrisiko.

Wie andere börsengehandelten Instrumente haben auch Anleihen Preise oder Kurse. Anleihenkurse reagieren sehr empfindlich auf Änderungen am Zinsniveau. So steigt der Kurs einer Anleihe im Allgemeinen, wenn die Zinssätze durch die Zentralbanken gesenkt werden, weil in diesem Fall die Nachfrage nach der Assetklasse der Anleihen steigt. Die Kurse fallen – und das teils drastisch – wenn die Zinsen angehoben werden. Genau hier verbirgt sich eine grundsätzliche Falle, die bis vor wenigen Jahren so nicht auftrat: Aktuell und vermutlich auch langfristig sind die Zinssätze der EZB negativ beziehungsweise nahe null Prozent. In der Folge sind die Anleihenkurse in den letzten Jahren teils massiv angestiegen, die Anleihen also sehr teuer geworden, während die Renditen immer weiter gefallen sind. Kurzlaufende Staatsanleihen von Staaten mit guter Bonität rentieren zum Teil inzwischen sogar negativ. Sind mittelfristig eher weitere Zinssenkungen oder eher

Zinsanhebungen wahrscheinlich? Schwer zu sagen. Sollten die Zentralbanken sich allerdings für Anhebungen entscheiden, könnte es zu stärkeren Kurseinbrüchen am Anleihenmarkt kommen, der insbesondere die risikoreicheren High-yield Bonds erfassen dürfte, die aktuell sehr gern als Renditetreiber im Depot genutzt werden.

Zur reinen Absicherung von Geldmitteln eignen sich Staatsanleihen mit Laufzeiten von unter zwei Jahren von Staaten mit bestmöglicher Bonität. Selbst wenn sich hier eine geringe negative Rendite ergeben sollte – wie dies im momentanen Marktumfeld der Fall ist -, so ist dies unter Umständen noch günstiger, als negative Einlagenzinsen zahlen zu müssen. Die kurze Laufzeit und der Fokus auf ausgezeichnete Kreditwürdigkeit halten das Risiko sehr gering.

Staatsanleihen einiger aufstrebender Staaten, sogenannter Emerging Markets, bringen aktuell noch eine annehmbare, positive Rendite. Jedoch ist hier natürlich das Ausfallrisiko auch entsprechend erhöht. Hinzu kommt bei solchen Anleihen noch das Fremdwährungsrisiko, das die zu erwartende Rendite übersteigen kann. Vor der Investition in solche Anleihen ist ein Abwägen der Vor- und Nachteile durch den Investor also sehr wichtig.

Es gibt für nahezu alle Arten an Zusammenstellungen von Unternehmens- und Staatsanleihen Anleihen-Fonds und Anleihen-ETFs, über die man sich als Investor am jeweiligen Segment beteiligen kann. Im ETF-Portfolio können kurzlaufende Staatsanleihen von Emittenten bester Bonität zur Risikosteuerung zum Einsatz kommen.

5.5.4 Immobilien

Die selbstgenutzte Immobilie gilt in Deutschland als eine weitläufig akzeptierte Möglichkeit der Altersvorsorge. Diese Aussage wird von Kreditgebern und Banken gern unterstützt, denn sie verdienen an langfristigen Darlehen, wie sie meist zur Finanzierung der eigenen Immobilie erforderlich sind, recht gut. Allerdings ist die Aussage auch durchaus kritisch zu betrachten. Abgesehen von den einmaligen Notarkosten, Maklergebühren und den Zinskosten für ein langfristiges Annuitätendarlehen schlagen im Laufe der Zeit natürlich auch Nebenkosten, Versicherungen, Reparaturen und später Sanierungskosten zu Buche. Letztlich steht ein Immobilieneigentümer mit fremdfinanzierter Immobilie unter Umständen auf die lange Frist ungünstiger da als ein Mieter mit einem langfristig ausgerichteten Aktien- oder ETF-Portfolio. Dies kommt aber ganz auf die individuelle Situation an, muss von Fall zu Fall betrachtet werden und ist nicht Gegenstand des vorliegenden Buches.

Immobilien, die nicht selbstgenutzt, sondern vermietet werden, eignen sich – in Abhängigkeit von den Finanzierungskosten – grundsätzlich gut für den Vermögensaufbau. Denn hier lässt sich das Eigenkapital recht gut hebeln:

Der Investor benötigt nur einen geringen Teil an selbsteingebrachten Mitteln und kann damit bereits hohes Fremdkapital aufnehmen. Letztlich erhält man, sofern die grundlegenden Parameter des Immobilieninvestments stimmen, unter Umständen eine hohe Rendite auf das eingelegte Eigenkapital, die die durchschnittliche Rendite der Aktienmärkte deutlich übersteigen kann.

Viele interessierte Investoren schrecken jedoch vor der hohen Kapitalbindung, den langfristigen Darlehensverpflichtungen und dem Aufwand – etwa für die Suche geeigneter Mieter – zurück. Glücklicherweise kann man sich jedoch auch an den Immobilienmärkten beteiligen, wenn man keine eigenen Immobilien erwirbt. Für den privaten Investor sind in dieser Hinsicht ganz allgemein geschlossene Immobilienfonds, offene Immobilienfonds, REITs und REIT-ETFs verfügbar.

Geschlossene Immobilienfonds legen ihr Geld meist in einem Einzelobjekt oder in wenigen Objekten an. Dies können etwa ein Hotels, Bürogebäude oder ein Krankenhaus sein. Beteiligt sich ein Investor an einem geschlossenen Immobilienfonds, so wird er Miteigentümer der Immobilie. Sie als Investor tragen damit allerdings das volle Risiko für Gewinne und Verluste mit. Dessen sollten Sie sich bewusst sein, bevor Sie ein solches Investment eingehen. Scheitert das Projekt, so ist Ihr investiertes Kapital mit hoher Wahrscheinlichkeit weg.

Ein großer Kritikpunkt an geschlossenen Immobilienfonds ist, dass sie oft intransparent sind, da eine Regulierung auf beispielsweise die Art, wie sie etwa für die Aktienbörsen stattfindet, nicht vorgeschrieben ist. Der interessierte Investor sollte daher unbedingt ein ausreichend großes Fachwissen mitbringen, um sich ein eigenes, umfassendes Bild von den Chancen und Risiken eines bestimmten Investments im Bereich geschlossener Fonds machen zu können.

Offene Immobilienfonds streuen ihre Beteiligungen im Allgemeinen deutlich weiter als geschlossene Fonds. Sie investieren überwiegend in gleich Dutzende Bürogebäude, Hotelanlagen oder Einkaufsmeilen, und dies - je nach Strategie - auch weltweit. Dies reduziert das grundsätzliche Ausfallrisiko deutlich, weil es die Abhängigkeit von einem Einzelprojekt vermeidet.

Im Prinzip kommt der Anleger – vergleichbar mit liquiden Aktienfonds - jederzeit an sein investiertes Geld, falls er es aus einem offenen Immobilienfonds wieder abziehen möchte. Besonders mit diesem Argument wurde nach der Dotcom-Börsenkrise im Jahr 2000 massiv geworben, um die verschreckten Anlegerinnen und Anleger wieder an die Kapitalmärkte zurückzuholen: Eine hohe Liquidität des Fonds bei deutlich geringeren Schwankungsrisiken, als dies für die Aktienmärkte galt. Der Plan ging auf.

Unzählige Investoren – ich ebenfalls – investierten in die großen offenen Immobilienfonds, die damals für eine sichere Rendite standen.

In der letzten Finanzkrise 2008-2009 zeigte sich dann aber umgehend, dass das Versprechen, schnell an das investierte Geld heranzukommen, trotz der hohen Fondsvolumina nicht eingehalten werden konnte. Damals wollten nämlich – aufgeschreckt durch die plötzlich zutage geförderten massiven Ausfallraten bei den Immobilienkrediten in USA – außerordentlich viele Investoren zeitgleich aus ihrer Geldanlage aussteigen, während die Immobilienfonds schlicht nicht genug Bargeld vorrätig hatten, um dies zu ermöglichen. Sie mussten also schnellstens Teile ihres Immobilienvolumens verkaufen, um die Anteilseigner auszahlen zu können. Falls nicht anders möglich, auch zu Billigstpreisen. Dies brachte viele Fonds so stark unter Druck, dass sie schließlich aufgelöst werden mussten.

Inzwischen ist der Verkauf von offenen Immobilienfonds grundlegend etwas strenger reguliert. Man muss einen Verkauf eine gewisse Zeit im Voraus anmelden. Zudem gibt es eine Mindesthaltedauer, während welcher keine Fondsanteile zurückgegeben werden dürfen. Das Argument der schnellen Verfügbarkeit eingesetzter Mittel wurde also vollständig entfernt. Seitdem erfahren die offenen Immobilienfonds eine insgesamt deutlich geringere Beliebtheit.

REITs (Real Estate Investment Trusts) bieten eine ausgezeichnete Möglichkeit, sich als Investor an Immobilien zu beteiligen und damit im Portfolio für Diversifikation zu sorgen. REITs werden von vielen Banken in Österreich und

Deutschland rechnungs- und steuertechnisch als ETFs bzw. Investmentfonds behandelt. Hierzu sei gesagt: Dies ist ganz einfach falsch. REITs sind rechtlich betrachtet ganz normale Aktiengesellschaften, welche Immobilien entwickeln, kaufen oder vermieten. Im Vergleich zu Immobilienfonds haben REITs einen eigenen Aufsichtsrat und sind beispielsweise auch verpflichtet, jährlich beziehungsweise quartalsweise Geschäftsberichte zu veröffentlichen. Sie haben also die klassischen Pflichten einer Aktiengesellschaft. Dies ist bei Investmentfonds und ETFs nicht so.

Doch was macht REITs so interessant? Zum einen sind sie verpflichtet, mindestens 90% ihres eigentlich steuerpflichtigen Gewinns an die Anteilseigner auszuschütten - sofern sie ihren steuerlich besserstellenden Status als REIT behalten wollen. Diese Ausschüttungen erhält der Investor als Dividende. Die Dividende kann aufgrund der Ausschüttungspflicht schon mal bei 5% oder höher liegen und eignet sich daher recht gut zum Aufbau eines Einkommens. US-REITs schütten teilweise monatlich aus, zumeist aber quartalsweise. Zum anderen bewegen sich die Kurse von REITs oft einigermaßen unabhängig von denen der Aktienmärkte.

REIT-ETFs investieren ihr Kapital nahezu ausschließlich in REITs und bieten Anlegern auf diese Weise eine breite Streuung ihrer Geldanlage im Immobiliensektor. Sie passen als Bestandteil gut in ein diversifiziertes ETF-Portfolio.

5.5.5 Gold, Silber & Co.

Gold und Silber sind die klassischen Vermögenswerte, die bereits seit Jahrtausenden genutzt werden, um Vermögen anzusammeln und aufzubewahren. Heutzutage sind sie zugleich wichtige Industriemetalle mit unzähligen Einsatzbereichen in der Elektronik, Optik und anderen technischen Fachgebieten.

Gold und Silber eignen sich in der heutigen Zeit für den privaten Investor weniger zur Vermögensbildung, sondern eher zur Vermögensabsicherung, da sie keinerlei eigene Rendite produzieren – abgesehen von zwischenzeitlichen Kursgewinnen. Der Verknappung der verfügbaren Rohstoffe durch Verbrauch stehen immer bessere Recyclingverfahren und immer neue Explorationsvorhaben gegenüber, so dass sie derzeit eigentlich kein relevantes Thema ist. Die zwei Edelmetalle sind daher eher ein Wertaufbewahrungsmittel als ein Investment. Wenn man sich die Preisentwicklung von Gold seit Anfang der 2000er Jahre ansieht, so haben langfristig orientierte Investoren allerdings bis heute auch mit Gold ausgezeichnet verdient. Im Jahr 2000 lag der Goldpreis bei etwa 250 Dollar. Aktuell befindet er sich bei etwa 1.800 Dollar.

Wer an weiter steigende Kurse glaubt und dies in seinem Depot abbilden möchte, kann sich auch mit ETFs am Gold-

und Silbermarkt beteiligen. Hierzu gibt es eine ganze Reihe von Produkten.

In Deutschland existieren derzeit aufgrund rechtlicher Rahmenbedingungen aber keine Gold-ETFs. Nach EU-Recht darf ein ETF nämlich nicht nur in ein einzelnes Investitionsobjekt wie Gold oder Silber investieren, sondern muss sich durch eine breite Streuung in viele verschiedene Objekte auszeichnen. Es stehen dem Investor allerdings sogenannte ETCs (Exchange Traded Commodities, börsengehandelte Rohstoffe) zur Verfügung. Hierbei handelt es sich um eine Art Inhaberschuldverschreibung, die – genau wie Zertifikate – nicht dem Sondervermögen unterliegen. Rutscht das ausgebende Finanzinstitut in die Insolvenz, so geht der Anleger im Prinzip leer aus. Um dies zu vermeiden, sichern viele ETCs das Vermögen der Investoren dadurch ab, dass sie physisches Gold kaufen und einlagern. So wird sichergestellt, dass im Falle einer Pleite die Investoren ausbezahlt werden können. Ein sinnvoller „Trick", der uns Privatinvestoren die Anlageentscheidung vereinfachen kann. Aber Achtung: Solche Absicherungsmethoden verwenden nicht alle ETCs, und nicht alle besichern einhundert Prozent der angelegten Gelder physisch. Hier lohnt sich genaues Hinsehen.

Wenn Sie Gold nutzen wollen, um Bargeldbestände zu reduzieren, oder um Ihr Vermögen einfach breiter zu streuen, dann sollten Sie unbedingt erwägen, physisches Gold und Silber einzukaufen, nämlich Goldmünzen, Silbermünzen oder entsprechenden Barren. Natürlich besteht hier das Problem der Einlagerung, das von jedem Investor selbst zu lösen ist. Banken bieten etwa gegen geringe Gebühren entsprechende Schließfächer. Mit physischem Gold und Silber haben Sie stets die Kontrolle über Ihr Vermögen und nutzen die Möglichkeiten der Wertaufbewahrung optimal.

Leider wurde Anfang des Jahres 2020 nun noch einmal die Grenze, bis zu der man Gold anonym, das heißt, ohne Registrierung, erwerben konnte, herabgesetzt. Anstelle bis zu einem Wert von 9.999 Euro darf das Edelmetall nur noch bis zu einem von 1.999 Euro anonym erworben werden. Vorwand ist etwa die Verhinderung von Terrorfinanzierung und Geldwäsche. Ob der Generalverdacht hier wirklich helfen kann, ist zumindest einmal fraglich. Es scheint nur noch eine Frage der Zeit, bis auch dieser Betrag weiter reduziert wird.

5.5.6 Fremdwährungen

Fremdwährungen dienen dazu, Bargeld oder Barguthaben gegenüber einer (massiven) Abwertung der eigenen Heimatwährung abzusichern, wie sie etwa eine Hyperinflation mit sich bringen kann. Im Moment wird der Zusammenbruch des Euro von einigen „Crashpropheten" intensiv diskutiert. Wer glaubt, dass dies so kommen wird, ist eventuell gut beraten, Bargeldbestände in Euro abzubauen und sich durch andere Vermögenswerte entsprechend abzusichern. Klassische Absicherungsinstrumente sind physisches Gold und Silber sowie ganz allgemein „Sachwerte“, also Immobilien und Aktien. Wer es für sinnvoll erachtet, kann auch einen Teil seiner Euros in Währungen eintauschen, die er für stabiler hält. Gängig sind hier der US-Dollar (ist er wirklich stabiler?), der Schweizer Franken oder die Norwegische Krone.

6 Die Grundbegriffe des Fondshandels

Nachfolgend werden nun kurz und knapp die wichtigsten Grundlagen des Handels mit Fonds vorgestellt. Wir setzen und etwas mit der Börse und dem Börsenhandel auseinander, denn ETFs werden über die Börsen gekauft und verkauft. Dies gewährt Transparenz und Flexibilität, wie wir im nachfolgenden Kapitel genauer sehen werden.

Zuerst schauen wir uns in kompakter Form an, wie die Börse funktioniert und unter welchen Voraussetzungen ein Investor dort ETFs und andere Investmentprodukte handeln kann. Anschließend werden dann die wichtigsten Aktienindizes vorgestellt, welche die Basis für den sogenannten risikobehafteten Anteil unseres ETF-Portfolios bilden werden. Zum Schluss des Kapitels gehen wir im Detail auf Investmentfonds und Fonds allgemein ein. Wir betrachten hier speziell den Unterschied zwischen den aktiv gemanagten und den passiven Fonds und Indexfonds. Dies führt uns dann in großen Schritten zu den ETFs.

6.1 Die Börse – Was ist das?

Die Börse kann man sich am besten als einen großen Marktplatz vorstellen, auf welchem unterschiedliche Akteure zusammen kommen, um mit einander Handel zu treiben: Es gibt solche Akteure, die etwas zu verkaufen haben und solche, die etwas kaufen möchten. Mögliche Handelswaren sind beispielsweise Aktien, Anleihen, Rohstoffe oder auch Absicherungsinstrumente wie beispielsweise Optionen.

Eine grundlegende Eigenschaft der Börse ist, dass der Preis der einzelnen Güter durch Angebot und Nachfrage bestimmt wird. Ist eine bestimmte Ware aktuell sehr gefragt oder gibt es zum Beispiel gerade einen Lieferengpass, so treibt das ihren Preis in die Höhe. Wird eine Ware derzeit eher gemieden, beziehungsweise wird plötzlich viel mehr produziert, als benötigt und nachgefragt wird, so sinken die Preise. Dieses Verhalten kann man recht gut in den Nachrichten beim Rohöl verfolgen: Schwächt sich das weltweite Wirtschaftswachstum ab, so wird tendenziell weniger Rohöl nachgefragt, denn die Industrie produziert nicht mehr so viel wie zuvor. Der Ölpreis beginnt zu fallen, was gern in den Nachrichten berichtet wird. Fällt er vermeintlich zu tief, beginnen die großen Ölförderländer zu diskutieren, ob man nicht die Produktion von Rohöl reduziert, um das Angebot zu verknappen und den Preis damit zu stabilisieren oder sogar wieder zu steigern. Irgendwann einigt man sich dann, und der Verfall des Ölpreises stoppt mehr oder weniger. Springt die Konjunktur wieder an, so steigt die Nachfrage nach Öl, was den Preis normalerweise langsam aber sicher wieder in die Höhe treibt.

Ein weiteres - eher unschönes - Beispiel liefern einsetzende Kriegshandlungen. Dies gilt besonders für den Bereich des Nahen Ostens, wo sich ein großer Teil der weltweiten Rohölförderung befindet. In einer solchen Situation kommt es oft zu einem deutlichen Anstieg des Ölpreises, denn die Marktakteure vermuten eine (zukünftige) Knappheit des Rohstoffs beziehungsweise eventuelle Lieferschwierigkeiten.

Das Thema Vermutungen bringt uns zu einer weiteren Eigenschaft der Börse: Es geht dort kurzfristig oft ziemlich emotional zu. Befürchtungen, Angst, Gier, Optimismus schlagen sehr oft ebenfalls auf die Preise der Handelsgüter, und zwar unter Umständen sehr deutlich. So kann es sein, dass eine Aktie kurzfristig zu einem Höhenflug startet, der durch die eigentlichen Unternehmenszahlen gar nicht gerechtfertigt ist, nur, weil der Geschäftsführer seine Vision der nächsten fünf Geschäftsjahre veröffentlicht hat. Oder der ehemalige US-Präsident Donald Trump twitterte mal wieder eine Aussage, wodurch im Anschluss die Aktienmärkte abstürzten. Wer ein wenig die täglichen Nachrichten verfolgt, findet recht oft Beispiele für emotionales Handeln an den Börsen. Langfristig spielen solche emotionalen

Überreaktionen allerdings quasi keine Rolle, wie wir noch betrachten werden.

Damit Sie an der Börse handeln können, ganz gleich, ob ETFs, Anleihen, Aktien oder andere Finanzinstrumente, benötigen Sie ein Wertpapierdepot, das Sie bei Ihrer Hausbank oder - aus Kostengründen meist besser - bei einem der großen Onlinebroker einrichten. Hilfe zur Auswahl finden Sie am Ende des Buches. Das Depot ist verbildlicht im Prinzip das Gegenstück zum Girokonto, wobei hier anstatt von Bargeldbeträgen Ihre Wertpapiere, Aktien, ETFs hinterlegt werden.

Ihre Depotbank übernimmt im Normalfall gleich auch die Rolle des sogenannten Brokers. Ein Broker ist der Vermittler, der für Sie Ihren Kauf- oder Verkaufsauftrag (die sogenannte Order) an die angegebene Börse übermittelt. Er handelt auf Ihre Rechnung mit den entsprechenden Wertpapieren. Möchten Sie einen ETF für einen bestimmten Geldbetrag kaufen, so legen Sie die Order einfach an, und der Broker übermittelt Ihren Kaufauftrag wie gewünscht. Ist der Kauf ausgeführt, so erhalten Sie die erworbenen Wertpapiere in Ihr Wertpapierdepot. Der erforderliche Geldbetrag wird von Ihrem Depot- oder Verrechnungskontenguthaben abgebucht. Entsprechend entgegengesetzt läuft der Verkauf ab.

Inzwischen gibt es nicht mehr „die“ Börse, an welcher der gesamte Handel stattfindet, sondern unzählige in nahezu allen Ländern der Welt. Die größte und bekannteste Börse in Deutschland ist die Frankfurter Börse. Hier ist auch die elektronische Börse Xetra zuhause. Der Name ist eine Abkürzung für „eXchange Electronic TRAding". Mehr als 90% des gesamten Aktienhandels an allen deutschen Börsen und etwa 30% des ETF-Handels in Europa entfallen auf den Handelsplatz Xetra. Es gibt aber beispielsweise auch eine Börse in Hamburg, München, in Stuttgart, in Düsseldorf, sowie etwa die Tradegate Exchange, die elektronische außerbörsliche Handelsplattform mit Sitz in Berlin.

In den USA gibt es die NYSE, die New York Stock Exchange, auch als „Wall Street" bezeichnet, sowie die Technologiebörse NASDAQ (National Association of Securities Dealers Automated Quotations), die Rohstoffbörse CME in Chicago und jede Menge weitere. Es gibt die Moskauer Börse, die Wiener Börse, die SET in Thailand und unzählige andere Handelsplätze auf der Welt, die von Investoren über die unterschiedlichsten Broker genutzt werden können. Nicht jeder Broker arbeitet aber mit jeder Börse zusammen. Auch unterscheiden sich gegebenenfalls die Gebühren in Abhängigkeit von der gewählten Börse.

Wenn Sie in ETFs investieren möchten, so reicht Ihnen im Normalfall die Deutsche Börse Xetra aus, an der aktuell 1.555 ETFs gehandelt werden können. Alternativ – und speziell wegen der geringeren Gebühren und der flexibleren Handelszeiten – können Sie auch die Tradegate Exchange nutzen.

Wie ganz normale Marktplätze, so haben auch Börsenhandelsplätze ihre festen Öffnungszeiten. Die deutschen Börsen sind wochentags von 8 Uhr bis 20 Uhr, einige – hier etwa Tradegate - bis 22 Uhr geöffnet. An der Xetra kann von 9 Uhr bis 17.30 Uhr gehandelt werden. Die Börsen in USA sind von 15.30 Uhr bis 22 Uhr unserer Zeit geöffnet.

6.2 An der Börse handeln

Grundsätzlich ist der Handel an der Börse heutzutage auch für Privatpersonen sehr einfach umzusetzen. Dies verdanken wir dem Internet. Während früher umständlich der Broker per Telefon angerufen werden musste, um eine Order aufzugeben, kann man dies heute unmittelbar am Rechner oder sogar via App machen. Alle Onlinebroker - und inzwischen auch die meisten Hausbanken - bieten hierfür eine mehr oder weniger komfortable Online-Benutzerumgebung an. Sogenannte Smartphone-Broker bieten ausschließlich den Handel über eine entsprechende App.

Je nachdem, wie und was man handeln möchte, benötigt man ein Handelskonto bzw. ein Depot sowie unterschiedliche Kontingente an Kapital, Zeit und Wissen. Nachfolgend betrachten wir diese vier Komponenten noch einmal kurz im Detail.

6.2.1 Kapital

Als Investor müssen Sie sich grundlegend entscheiden, ob Sie mit einer Einmalanlage starten möchte, oder ob Sie regelmäßig kleinere Beträge anlegen möchten. Auch eine Kombination ist natürlich möglich.

Eine Einmalanlage kommt infrage, wenn der Investor über einen großen Geldbetrag verfügt – vielleicht infolge eines Erbes – und wenn er über eine ausreichend große Erfahrung im Hinblick auf die Geldanlage verfügt. Der zweite Punkt ist sehr wichtig, denn immer wieder wird es zu zwischenzeitlichen Einbrüchen an den Börsenmärkten kommen. Je höher dann die investierte Geldsumme, desto höher sind zuerst einmal auch die Verluste im Depot. Diese muss man aushalten können, ohne direkt die ganze Investmentstrategie infrage zu stellen und panisch verkaufen zu wollen. Die Fähigkeit dazu muss sich normalerweise erst entwickeln, und eine gewisse Erfahrung ist hier der Schlüssel. Diese macht man als Einsteiger am besten mit eher geringen Beträgen.

Aus diesem Grunde ist es besonders für den Einsteiger sinnvoll, mit kleineren Geldbeträgen das Investieren zu starten. Beispielsweise könnte man das gesamte für die Investition vorgesehene Kapital in gleich große Teile aufteilen und alle drei Monate jeweils einen Teil davon investieren. Dies führt dazu, dass man sich mit dem Gedanken, sein Geld von nun an gewissen, wenn auch nur zeitweisen, Risiken auszusetzen, besser anfreunden kann: Mit der ersten investierten Rate ist man sozusagen „im Spiel". Man kann sich selbst diesbezüglich ein wenig besser kennenlernen und anhand der eigenen Praxis erfahren, wie man in welchen Situationen reagiert. Man kann sich in Ruhe anschauen, wie die Kurse sich im Verlauf der Wochen und Monate verändern. Brechen die Kurse ein, so wird sich der Einsteiger besser mit dieser unveränderlichen Situation anfreunden können, wenn er mit kleineren Beträgen investiert ist. Welche Geldbeträge Sie persönlich als „eher klein" oder „eher groß" empfinden, ist sehr individuell. Machen Sie sich doch hierzu einmal Gedanken.

Die meisten Menschen werden nicht über ein großes Anfangsvermögen verfügen, das es zu investieren gilt. Sie werden daher eher regelmäßig Geldbeträge ansparen und investieren wollen. Dies hat – wie oben geschildert – durchaus unmittelbare Vorteile. Die Umsetzung ist sehr einfach zu handhaben. Entweder kaufen Sie in regelmäßigen Abständen für einen fixen Betrag von dem entsprechenden ETF Anteile hinzu. Hierzu müssen Sie vorher Geld auf Ihr Wertpapierdepot überweisen. Eine Dauerüberweisung von Ihrem Girokonto ist eine Möglichkeit, gleichmäßige Sparraten regelmäßig abzuzweigen und für Ihre Investitionen bereitzustellen.

Alternativ können Sie auch die derzeit ausgesprochen beliebten ETF-Sparpläne nutzen, die immer mehr Broker anbieten. Je nach Anbieter können Sie einzelne ETFs angeben oder sich ein Set aus mehreren ETFs zusammenstellen, in das in regelmäßigen Abständen Geld angelegt wird. Meist wird der angegebene Geldbetrag zuvor automatisch per Lastschriftverfahren von einem angegebenen Referenzkonto – etwa Ihrem Girokonto – eingezogen. Sehr komfortabel.

Der Vorteil solcher Sparpläne ist, dass Sie auch Bruchstücke eines ETFs kaufen können. Kostet ein ETF derzeit an der Börse 100 Euro, Ihre monatliche Sparrate beträgt jedoch nur 50 Euro, so kaufen Sie via Sparplan je Monat eben nur 0,5 Anteile des ETFs. Dies geht bei einem direkten Kauf ohne Sparplan nicht. Nachteilig ist bei Sparplänen, dass die Anbieter für den Service Gebühren veranschlagen. Die Gebühren bemerkt man meist gar nicht ohne weiteres, denn sie werden direkt von der Sparrate abgezogen und entsprechend weniger Anteile des gewünschten ETFs gekauft. Beträgt der Gebührensatz zum Beispiel 1,5%, so geht im Laufe der Zeit doch eine ganze Menge an Kapital an den Broker verloren. Es lohnt sich diesbezüglich auf jeden Fall, verschiedene Broker zu vergleichen. Besonders bei nicht zu großen Orders sind die Sparplangebühren allerdings meist unterhalb der Gebühren, die bei einem normalen Kauf ohne Sparplan zu zahlen wären. Dies ändert sich gegebenenfalls ab Ordergrößen von mehreren hundert Euro.

Grundsätzlich gilt: Beide Varianten, sowohl die mittels Dauerauftrags als auch die mittels Sparplans, haben den Vorteil, dass Sie Geld sozusagen automatisch regelmäßig in Ihr Depot übertragen lassen. Sie können also keine Sparrate „vergessen" und bauen Ihr Depot so Stück für Stück auf. Diese Kontinuität ist für einen langfristigen Vermögensaufbau sehr wichtig, wie bereits dargelegt wurde.

6.2.2 Zeit

Zeit ist Geld, lautet ein Sprichwort. Die meisten Menschen möchten besonders für Finanzthemen möglichst wenig Zeit opfern. Dies ist grundsätzlich durchaus verständlich. Und in der Tat ist der Zeitbedarf für die Pflege eines ETF-Portfolios recht gering. Wählt man einen passiven Investmentansatz, so wird das Portfolio einmalig aufgesetzt, mehr ist dann eigentlich nicht zu tun. Entscheidet man sich gegen eine ausschließliche Einmalanlage und gegen automatisierte Sparpläne, so hat man seine Zukäufe regelmäßig manuell zu tätigen. Dies kostet jeweils ein paar Minuten. Halbjährlich oder jährlich erfolgt ein sogenanntes Rebalancing der einzelnen Positionen, mit welchem die einzelnen ETFs wieder in ihre ursprüngliche Gewichtung gebracht werden. Auch dies kostet Sie nur wenige Minuten an Aufwand. Insgesamt also ein durchaus überschaubarer Zeitaufwand.

6.2.3 Wissen

Ganz gleich, ob Sie ETFs, Aktien, Optionen handeln möchten: Wissen ist für den Investor die Basis des Erfolgs. Mit Wissen ist an dieser Stelle nicht gemeint, die aktuellen Börsenkurse von DAX Co. auswendig aufsagen zu können. Es ist auch nicht gemeint, zu einem Markt stets alle verfügbaren Nachrichten zu kennen.

Vielmehr geht es darum, zu wissen, wie die Produkte funktionieren, in die Sie investiert, wie und warum die verfolgte Investmentstrategie funktioniert und was zu tun ist, wenn irgendwelche Probleme auftreten. Nur so wird eine Investmentstrategie langfristig verfolgt werden und nicht beim ersten Gegenwind vorschnell verworfen.

Dieses Wissen kann man – zum Beispiel über Bücher – grundlegend erwerben. Anschließend kommt der Faktor Erfahrung hinzu. Ein erfahrener Investor reagiert deutlich anders als ein Einsteiger, der gerade seine ersten Schritte an der Börse macht. Erfahrung mit der Börse kann man – bis auf ein paar Tipps zur Vermeidung der gängigsten Fehler - nicht aus Büchern lernen. Sie ist allerdings sehr wichtig, um in Marktphasen, die vielleicht etwas schwieriger sind, entspannt zu bleiben. Hier kommt es ganz auf die eigene

Praxis an. Für gänzliche Neueinsteiger ist es vielleicht empfehlenswert, alle einschlägigen, besonderen Erfahrungen, die man in den ersten zwölf Monaten an der Börse macht, kurz in einer Art Börsen-Tagebuch zu notieren. So gewinnt man einen guten Überblick über die ganz individuellen Fallstricke, die auf die eine oder andere Art bei der eigenen Arbeit als Investor auftreten können: Wie haben Sie reagiert, als Sie in den Nachrichten vernahmen, der deutsche Aktienmarkt sei gerade „massiv" eingebrochen? Mussten Sie sofort in Ihr Depot schauen? Fühlten Sie sich unwohl? Oder war es Ihnen eher gleichgültig und Sie blieben entspannt? Wie sah es aus, als Ihre ETFs wochenlang zu immer neuen Hochs aufstiegen? Wollten Sie verkaufen, um die eingefahrenen Buchgewinne nicht wieder verlieren zu können? Oder war es Ihnen eher gleichgültig, weil Sie wissen, dass Sie langfristig investieren möchten?

Fakt ist: Mangelndes Wissen im Bereich des Investierens kostet meist Geld. Wer die Produkte nicht kennt oder versteht, in die er investiert, der kommt unter Umständen in Schwierigkeiten. Ein Beispiel:

Ein Investor möchte in Gold investieren. Da es ihm zu aufwändig erscheint, Gold in Münzenform zu erwerben und sicher einzulagern, und da er nicht weiß, dass es sinnvolle Alternativen zu physischem Gold gibt, kauft er einfach bei der Bank XY für eine größere Summe Gold-Zertifikate. War ihm so von seinem Bankberater empfohlen worden. Der Goldpreis steigt, der Investor freut sich. Zwei Jahre später steht der Goldpreis auf einem neuen Allzeithoch. Die Weltwirtschaft befindet sich zeitgleich allerdings inmitten einer heftigen Rezession, ausgelöst durch eine erneute Bankenkrise. Die Bank, bei welcher unser Investor in Gold-Zertifikate investiert hatte, musste Unmengen an ausgefallenen Krediten abschreiben und ist inzwischen tatsächlich insolvent. Da – auch das wusste unser Investor nicht – seine Zertifikate als Inhaberschuldverschreibungen über keinerlei Absicherungen verfügen, darf er sich recht sicher sein, dass er von seinem Geld nichts mehr wiedersehen wird. Zwar läuft das Insolvenzverfahren, aber da er nicht der einzige Gläubiger und auch nicht vorrangig ist, wird er aus der Insolvenzmasse vermutlich nicht bedient werden.

Hätte er sich trotz des gewissen Aufwands für physisches Gold entschieden oder hätte er alternativ einfach in einen vollständig besicherten Gold-ETC investiert, so hätte er sein investiertes Vermögen nicht nur erhalten, sondern sogar vermehrt. Hierzu fehlte ihm vor allem eines: Wissen.

Natürlich musste unser Beispiel-Investor nicht davon ausgehen, dass seine Bank pleitegeht. Aber so etwas kann nun mal passieren. Wir haben in der letzten Finanzkrise besonders im Hinblick auf Zertifikate gesehen, dass selbst Banken, die als völlig sicher gelten, in die Insolvenz rutschen können. Hätte er genau die Eigenschaften seiner Gold-Zertifikate gekannt und wäre er mit dem entsprechenden Weitblick an das Investment herangegangen, hätte er den Vermögensverlust leicht vermeiden können.

Kennen Sie also unbedingt die Produkte und ihre Eigenschaften, bevor Sie sich zu einem Investment entschließen. ETFs zeichnen sich durch ihre Einfachheit und Transparenz aus. Aber auch bei ihnen gibt es gewisse Fallen. Auf Besonderheiten und Fallstricke im Hinblick auf ETFs und ETCs gehen wir noch im Detail ein.

6.2.4 Depot

Sämtliche Wertpapiere, ETFs, Aktien etc. werden von der das Depot führenden Bank beziehungsweise von dem das Depot führenden Broker in Ihrem Wertpapierdepot verwaltet. Der Bargeldbestand wird oftmals auf dem zugehörigen Verrechnungskonto abgelegt. Von hier wird Geld entnommen, wenn eine aufgegebene Order ausgeführt und bezahlt wird. Entsprechend gehen Gelder ein, die aus aufgelösten Positionen erhalten werden, sowie Ausschüttungen und Dividenden.

Die meisten Onlinebanken bieten heutzutage ein kostenfreies Depot an. Die meisten Hausbanken verlangen noch immer teils recht hohe Depotführungsgebühren. Im Zuge der Negativzinspolitik der EZB ist aber vermutlich auch bei Onlinebanken mittel- und langfristig damit zu rechnen, dass kostenlose Depots seltener werden. Über die aktuellen Konditionen gibt das Preisverzeichnis von Banken und Brokern Aufschluss. Unzählige Brokervergleiche und Testportale im Internet machen das Finden eines geeigneten Depotanbieters recht einfach. Tipps zur Brokerwahl finden Sie zudem auch am Ende des vorliegenden Buches.

6.3 Aktienindizes

Aktienindizes (Einzahl: Aktienindex) spielen eine entscheidende Rolle beim passiven Investieren, denn Aktienindex-ETFs bilden die Basis des sogenannten risikobehafteten Anteils unseres ETF-Portfolios, der zum Ziel hat, die breite Marktrendite nachzubilden.

Ein Index beschreibt bildlich dargestellt einen Korb von Investmentprodukten, der nach einem bestimmten Set an Regeln zusammengestellt und erhalten wird. Aktienindizes bestehen aus vielen – meist unzähligen – Aktien. Dies ist bei einem klassischen Investmentfonds ebenso, wobei das Regelwerk meist deutlich komplexer ist. Der Unterschied zum Fonds ist, dass der Index genaugenommen allerdings nur eine Kennzahl ist, ein Zahlenwert also. Während ein Fonds seine Aktien normalerweise tatsächlich kauft, wird der Index lediglich auf Basis der enthaltenen Werte berechnet. Das Ergebnis der Berechnung ist ein Zahlenwert, der sich als Zeitverlauf darstellen lässt: Man erhält das Kursbild oder Kurschart des Index. Verändern sich täglich die Kurse der im Index enthaltenen Aktien, so ändert sich auch der berechnete Wert des Index: Wir erhalten den typischen

Zickzack-Verlauf, den man beispielsweise für den deutschen Leitindex DAX betrachten kann.

Indizes existieren, um allen Marktteilnehmern am Börsengeschehen einen kurzen, schnellen Überblick über die Entwicklung eines bestimmten Marktes oder Marktsegmentes zu gewähren. Es gibt sie nicht nur für Aktienkörbe, sondern auch für Rohstoffkörbe, Anleihenkörbe, für die Schwankungsbreite verschiedener Märkte - die sogenannte Volatilität, und für unzählige weitere Dinge, die man sich als Investor gern zusammenfassend anschauen möchte.

Abb. 3 DAX-Performanceindex im Zeitverlauf. Die für eine bestimmte Zeitperiode – hier monatsweise - berechnete Indexkennzahl wird in einem Diagramm eingetragen. Man kann auch tägliche, jährliche oder sekündliche Daten nutzen, um ein sogenanntes Kurschart oder Kursbild darzustellen.

Der wohl bekannteste deutsche Aktienindex ist der DAX, der Deutsche Aktienindex. Er beinhaltet die 30 größten Unternehmen Deutschlands, wobei sich die Größe wie bei den meisten Aktienindizes aus der sogenannten Streubesitz-Marktkapitalisierung ergibt. Der DAX liefert vereinfacht dargestellt einen Anhaltspunkt dafür, wie es branchenübergreifend um die deutsche Wirtschaft steht. Steigt der DAX über einen langen Zeitraum mehr oder weniger kontinuierlich an, so kann der Betrachter des Kurscharts davon ausgehen, dass die wirtschaftliche Entwicklung positiv verläuft beziehungsweise die Erwartungshaltung entsprechend positiv ist. Denn die langfristigen Entwicklungen an der Börse spiegeln die reale Wirtschaft im Allgemeinen wider, sofern man rationales Verhalten aller Marktteilnehmer unterstellt. Ideales rationales Verhalten an den Kapitalmärkten ist allerdings primär eine theoretische Annahme, die in der Praxis nicht zu jedem Zeitpunkt vollständig vorliegt. Mit der Länge des Betrachtungszeitraums steigt die Rationalität indes stark an.

Die Beziehung zwischen Indexverlauf und der gesamtwirtschaftlichen Entwicklung ist – abgesehen von der geforderten Rationalität – auch aus anderen Aspekten her vereinfacht. Erstens besteht unsere heimische Wirtschaft eben nicht nur aus den 30 Aktiengesellschaften mit der höchsten Börsenkapitalisierung. Einen großen Anteil an der Gesamtwirtschaft liefern auch die typischen mittelständischen Unternehmen, die oft gar nicht an einer Börse notiert sind.

Zweitens ergeben sich durch die Art der Bildung des Index Verzerrungen. Die meisten Aktienindizes wählen ihre Bestandteile anhand der Streubesitz-Marktkapitalisierung aus. Dies ist der rechnerische Gesamtwert der freibeweglichen, also von uns Investoren über eine Börse kaufbaren Aktien eines Unternehmens. Er ergibt sich, wenn man den aktuellen Aktienkurs mit der Anzahl der frei verfügbaren Anteilscheine multipliziert. Steigen – wie etwa derzeit bei Amazon oder Apple zu sehen – die Kurse einzelner, im betrachteten Index enthaltener Unternehmen massiv an, so wird ihr Anteil im Index immer größer und größer und eventuell sogar dominant. Im US-Technologieindex NASDAQ100 haben die drei Technologieriesen Apple, Microsoft und Amazon zusammen aktuell eine Gewichtung von etwas mehr als 30%. Brechen die Kurse dieser Unternehmen nun ein – besonders bei Apple und Amazon kann dies schon einmal vorkommen – so fällt der Index zeitweise deutlich stärker, als vor dem Hintergrund der gesamten US-Technologiewirtschaft gerechtfertigt wäre.

Drittens bilden Aktienkurse – und damit letztlich auch der daraus zusammengesetzte Index – speziell in der kürzeren und mittleren Frist auch Emotionen, Prognosen, Hoffnungen und auch schlicht Pragmatik der Marktteilnehmer mit ab. Wie anders wäre es sonst zu erklären, dass nach dem schrecklichen Anschlag im September 2001 in den USA die Aktienmärkte kurzzeitig massiv einbrachen, sich anschließend aber sehr schnell wieder erholen konnten? Ging es den Unternehmen zu diesem Zeitpunkt zwischenzeitlich plötzlich schlechter? Oder wie ist es zu erklären, dass inmitten der Coronapandemie 2020 trotz signifikant schlechter werdender weltweiter Wirtschaftsaussichten durch die Lockdowns einige Indizes nach Abstürzen von teils mehr als 30% schon wieder auf Allzeithochs stehen? Emotionen wie Angst, teils Panik oder Hoffnung spielen hier situationsabhängig zumindest kurzfristig stark mit hinein. Eine stärkere Rationalität ist erst bei langfristiger Betrachtung anzunehmen, auf die wir uns als passive ETF-Investoren jedoch fokussieren wollen. Kurzfristige Kursentwicklungen sind für uns wenig oder gar nicht relevant.

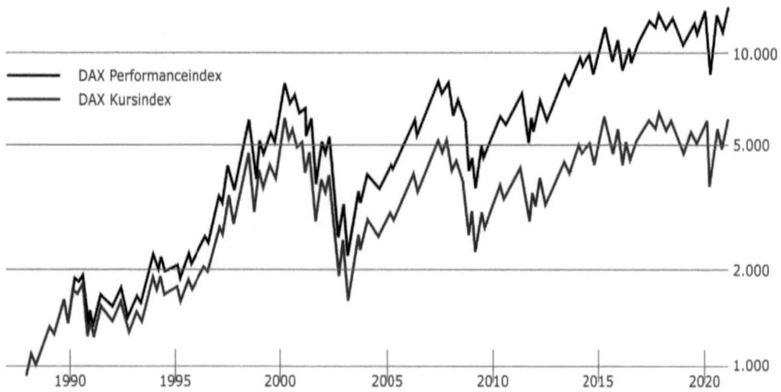

Abb. 4 Vergleich der Kursentwicklung zwischen DAX-Performanceindex und DAX-Kursindex. Da im Kursindex die von den enthaltenen Unternehmen ausgezahlten Dividenden nicht enthalten sind, entwickelt er sich in der langfristigen Betrachtung deutlich „schlechter".

Indizes können als Kursindex oder als Performanceindex (engl. Total Return Index) zusammengestellt werden. Vom

DAX gibt es beide Varianten. Der Kursindex bildet ausschließlich die Kursentwicklung der einbezogenen Unternehmen ab. Der Performanceindex bildet Kursentwicklung plus Dividenden ab. Da Dividendenzahlungen, das sind Ausschüttungen von Teilen des Unternehmensgewinns an die Aktionäre, immer vom Kurs abgezogen werden, entwickelt sich der Performanceindex auf die lange Sicht deutlich besser als der Kursindex. Beide Indizes, der DAX-Kursindex und der DAX-Performanceindex - wurden am 31.12.1987 mit einem Kurswert von 1000 Punkten gestartet. Inzwischen steht der Kursindex bei etwa 5.500 Punkten, der Performanceindex hingegen bei 12.800 Punkten.

Weil die Aktienindex-ETFs die Basis für den passiven ETF-Investor darstellen, werden nachfolgend nun einige wichtige Indizes in aller Kürze vorgestellt. Diese sollten Sie unbedingt kennen, bevor Sie Ihr erstes eigenes Portfolio aufsetzen.

6.3.1 DAX

Der DAX ist der deutsche Leitindex. Er beinhaltet die 30 nach Marktkapitalisierung größten Unternehmen Deutschlands. Wer sich an der deutschen Wirtschaft beteiligen möchte, kann einen DAX-ETF wählen. Hierdurch schränkt er sich allerdings im Hinblick auf eine möglichst große Diversifizierung ein, wie sie die passive Investmentstrategie nahelegt. Insofern ist in einem ausgewogenen Portfolio ein DAX-ETF eher als untergeordnete Beimischung mit geringem Anteil zu empfehlen, nicht jedoch als Hauptbestandteil. Aktuell wird diskutiert, den Index breiter zu streuen und dafür die Anzahl der enthaltenen Unternehmen auf 40 zu erhöhen. Aus Gründen der besseren Diversifizierung wäre dies eine gute Entscheidung.

6.3.2 MDAX

Der MDAX ist ebenfalls einer der großen deutschen Aktienindizes. Er enthält die 50 Unternehmen, die es aufgrund der etwas geringeren Marktkapitalisierung nicht in den DAX geschafft haben. Der MDAX bietet eine deutlich größere Breite, was die Verteilung der Branchen der Unternehmen angeht. Zudem ist er schwankungsintensiver als der DAX. Dies führt zu größeren Kurschancen; allerdings kann es zwischenzeitlich auch immer mal zu größeren Kursverlusten kommen. Wer sich mit etwas mehr Risikofreude an der Landschaft der deutschen Unternehmen beteiligen möchte, kann als Beimischung im Portfolio zu einem MDAX-ETF greifen. Allerdings ebenfalls in geringer Gewichtung.

6.3.3 Dow Jones Industrial Average

Der Dow Jones Industrial Average (DJIA), oder kurz Dow-Jones Index, ist der bekannteste amerikanische Index. Er ist ausschließlich ein Kursindex, es werden also keine Dividenden und sonstige Sonderzahlungen mitberechnet. Er enthält die 30 nach ihrer Marktkapitalisierung größten US-Unternehmen der Vereinigten Staaten. Es gibt auch den Dow Jones Industrial Average Total Return Index (DJITR), den entsprechenden Performanceindex also.

Möchte man sich mittels ETFs an der Entwicklung der USA beteiligen, so sollte man nicht unbedingt zum DJIA greifen, sondern sich zuvor den MSCI World anschauen, der mit 65% eine hohe Gewichtung der US-Wirtschaft beinhaltet. Meist reicht dies im Portfolio bereits aus oder ist sogar schon zu viel.

6.3.4 S&P500

Der Standard & Poor's 500, oder kurz S&P500, enthält die 500 größten Unternehmen der USA. Er gilt als einer der meistbeachteten Indizes der Welt, denn er deckt eine große Breite der US-amerikanischen Wirtschaftsunternehmen ab. Auch hier handelt es sich um einen Kursindex. Ebenso gibt es einen Performanceindex, nämlich den S&P500 Total Return Index, der jedoch in der medialen Betrachtung kaum Beachtung findet.

Der bekannteste S&P500 ETF ist der sogenannte Spider (Kürzel: SPY). Er ist speziell in den USA bei privaten Investoren, aber auch bei Optionstradern und Aktientradern ausgesprochen beliebt. Der legendäre Starinvestor Warren Buffet, der sein beträchtliches Vermögen mit der klugen und auch glücklichen Auswahl von Einzelaktien erworben hat, empfiehlt dem durchschnittlichen Anleger diesen ETF zur langfristigen Vermögensentwicklung. In Deutschland und der EU wurde der unmittelbare Kauf des SPY allerdings durch die Gesetzgebung unmöglich gemacht. Zum Glück gibt es ja ausreichend Alternativen an ETFs auf den Index, zumal – wie bereits beim Dow Jones Industrial Average Index erwähnt – die Wirtschaft der USA sehr gut über einen MSCI World ETF in das eigene Portfolio wandern kann.

6.3.5 NASDAQ100

Die NASDAQ ist die größte elektronische Börse der USA. Sie hat ihren Sitz am Times Square in New York. Der NASDAQ100 Index enthält die 100 größten an der NASDAQ gelisteten Unternehmen, wobei keine Finanzunternehmen enthalten sind. Auch der NASDAQ100 ist ein Kursindex. Er zeichnet sich durch eine relativ hohe Schwankungsbreite ab, verglichen mit anderen US-Indizes.

6.3.6 MSCI World

Der MSCI World Index ist der von passiven ETF-Anlegern wohl am meisten genutzte Index. Es handelt sich um einen international ausgerichteten Aktienindex, der aktuell die Wertentwicklung der großen (und zum Teil der mittleren) Unternehmen aus 23 Ländern der Welt abdeckt. Mit mehr als 1.600 einbezogenen Unternehmen mittlerer und großer Größe spiegelt er ungefähr 85% der Marktkapitalisierung der industrialisierten Staaten (developed markets) der Erde wider. Da auch hier die Aufnahme von Unternehmen nach ihrer Streubesitz-Marktkapitalisierung vorgenommen wird, sind die Länder mit den meisten und am höchsten kapitalisierten Unternehmen entsprechend stark im Index gewichtet. Dies führt dazu, dass die USA aktuell mit etwa 65% im MSCI World vertreten sind. Es folgen Japan mit ca. 8% und Großbritannien mit ca. 5%.

Der MSCI World eignet sich durch seine breite Streuung sehr gut, um sich als Anleger mit nur einem einzigen ETF an den weltweiten Aktienmärkten zu beteiligen. Er bildet in vielen ETF-Portfolios sogar die Basis des Investments.

Möchten Sie als Investor individuell diversifizieren, so kann es wegen der recht starken Übergewichtung der USA im Index eventuell Sinn machen, weitere länderspezifische Aktienindizes in das eigene ETF-Portfolio aufzunehmen. Mit einem DAX-ETF könnte man etwa die Gewichtung der deutschen Wirtschaft im Portfolio erhöhen. Meist wird aber mit einem ETF auf den nachfolgend vorgestellten MSCI Emerging Markets Index kombiniert.

Der MSCI World kommt in drei Varianten vor: Der MSCI World Kursindex spiegelt die Kursentwicklung der enthaltenen Unternehmen ohne Berücksichtigung von Dividenden und Sonderzahlungen wider. Der MSCI World Gross Total Return Index bezieht auch die Dividenden der Unternehmen mit ein, jedoch ohne Berücksichtigung der ausländischen Quellensteuer. Der MSCI World Net Total Return Index berücksichtigt die nur um die Quellensteuer verminderten Dividenden der enthaltenen Unternehmen.

6.3.7 MSCI Emerging Markets

Der MSCI Emerging Markets Index (abgekürzt MSCI EM) umfasst über 1.400 der größten und mittleren Unternehmen aus 26 Schwellenländern (Emerging Markets). Damit bildet der Index etwa 85% der Marktkapitalisierung der aufstrebenden Staaten ab oder 13% der weltweiten Marktkapitalisierung. Etwa 39% der Marktkapitalisierung im Index entfallen aktuell auf China, ca. 13% auf Taiwan, es folgen Südkorea, Indien, Brasilien und weitere Staaten. Wie am Aufbau zu erkennen ist, bildet der MSCI Emerging Markets Index sozusagen eine Ergänzung zum MSCI World, welcher, wie beschrieben, nur entwickelte Industrieländer abbildet.

Grundsätzlich stellt der MSCI EM im eigenen Portfolio eine sehr gute Ergänzung zum MSCI World dar, auch wenn - oder gerade weil – bei ihm tendenziell mit etwas höheren Schwankungen zu rechnen ist. Die Emerging Markets bieten derzeit ein wohl einzigartiges Wachstumspotenzial, wenn wir die mittlere und lange Frist betrachten. Während die entwickelten Märkte wirtschaftlich aktuell eher stagnieren, sehen wir bei immer mehr Schwellenländern, dass Wachstum, Wirtschaft, Wohlstand der Bevölkerung deutlich und immer schneller zulegen. Dies muss sich fast zwangsläufig auch auf die lokalen Aktienmärkte auswirken, so dass hier gute Gewinne winken dürften. Durch die hohe Gewichtung der chinesischen Wirtschaft im Index ist allerdings zu bedenken, dass diese mit zukünftig möglicherweise geringeren Wachstumsraten die Performance der weiteren im Index abgebildeten Länder überschatten könnte. Eine solche Entwicklung deutet sich seit einiger Zeit bereits an, denn das chinesische Wirtschaftswachstum schwächt sich von einem zuvor sehr hohen Niveau seit 2007 kontinuierlich ab. Hierbei ist natürlich zu erwähnen, dass das riesige Land auch heutzutage noch Wachstumsraten aufweist, von denen die entwickelten Industrieländer nur noch träumen können.

Wer sein Portfolio nicht so hoch Richtung China gewichten möchte, sich aber dennoch an der Entwicklung der Schwellenländer beteiligen will, der sollte eventuell auf andere Schwellenländer-ETFs ausweichen, oder entsprechend zusätzliche ETFs mit aufnehmen.

6.3.8 MSCI Europe

Der MSCI Europe Index deckt die nach der Marktkapitalisierung großen und mittleren Unternehmen aus 15 Industrieländern des europäischen Raumes ab. Er enthält derzeit etwa 437 Unternehmen und spiegelt ca. 85% der Marktkapitalisierung der Region wider. Am stärksten im Index vertreten ist Großbritannien mit fast 25%, es folgen Frankreich (17%) und die Schweiz (17%). Die deutsche Wirtschaft ist zu knapp 6% enthalten.

Wer speziell in den europäischen Raum investieren möchte, kann den MSCI Europe in Betracht ziehen. Besonders im Hinblick auf den sehr hohen US-Anteil im MSCI World lässt sich durch Beimischung des MSCI Europe die Gewichtung des eigenen Portfolios in Richtung der europäischen Wirtschaft verlagern.

Alternativ kommt der etwas breiter streuende STOXX Europe 600 Index infrage. Er umfasst nach die 600 nach Börsenwert größten Unternehmen aus 17 Ländern der Region Europa. Hiermit erreicht man eine etwas bessere

Diversifizierung, während die Performance der zwei Indizes in den letzten Jahren allerdings nahezu gleich ist.

6.3.9 EUROSTOXX50

Der EUROSTOXX50 Index beinhaltet die fünfzig nach ihrer Marktkapitalisierung größten Unternehmen der Eurozone. Auch wenn es sich hierbei um den wohl bekanntesten europäischen Aktienindex handelt, sollte er in einem ETF-Portfolio nicht eingesetzt werden, da die Streuung doch deutlich geringer ist als im MSCI Europe und STOXX Europe 600.

6.3.10 MSCI World Small Cap

Dieser Index ist weltweit diversifiziert und enthält aktuell 4.269 Unternehmen mit geringer Marktkapitalisierung aus entwickelten Industriestaaten.

Kleine Unternehmen, sogenannte Small-Caps, zeichnen sich generell durch die Tendenz zu größeren Kursausschlägen aus. Man spricht von einer höheren Volatilität dieser Aktien. Diese kann in beide Richtungen wirken. Bei einem einzelnen Wert sind Kurszuwächse von mehreren zehn Prozent in einem kurzen Zeitraum ebenso möglich, wie starke Abschläge. Unter der Annahme langfristig stets ansteigender Kurse und Werte ist bei Small-Caps die Erwartungsrendite etwas größer als bei großen und mittleren Aktien, wodurch ein ETF auf einen Small-Cap Index auf die lange Frist die Gesamtrendite eines Portfolios ein wenig erhöht.

Somit eignet sich der MSCI World Small Cap Index grundsätzlich als geringfügige Beimischung von vielleicht 10% bis 25% im ETF-Portfolio für etwas risikofreudigere Investoren, die sich an den Chancen beteiligen wollen, die kleine, flexible, aufstrebende Unternehmen beherbergen.

6.3.11 MSCI ACWI

Der MSCI All Country World Index, kurz MSCI ACWI, ist bei passiven ETF-Anlegern ebenfalls sehr beliebt. Er ist deutlich weiter gefasst als der MSCI World und umfasst aktuell mehr als 3000 Unternehmensaktien aus 23 Industrieländern und 26 Schwellenländern, wobei die Schwellenländer insgesamt zu etwa 10% des Indexwertes beitragen. Auch bei diesem über die Streubesitz-Marktkapitalisierung berechneten Index ist der US-Anteil hoch, allerdings mit nur 58% etwas geringer als im MSCI World. Japan und China bilden die zwei Staaten mit der zweithöchsten beziehungsweise dritthöchsten Gewichtung im Index.

Wer in nur einen einzigen ETF investieren möchte, aber die renditetechnischen Vorzüge der Schwellenländer ebenfalls nutzen will, der kann sich einen ETF auf den MSCI ACWI Index oder auf den sehr ähnlich diversifizierten FTSE All-World Index in das eigene Portfolio legen.

6.3.12 MSCI ACWI IMI und FM

Der MSCI ACWI kommt auch mit dem Zusatz IMI vor. IMI steht für Investable Market Index. Er bildet zusätzlich die Performance der kleinen Unternehmen ab und spiegelt mit fast 8.800 Unternehmen aktuell 99% der weltweiten Marktkapitalisierung wider. Das verbleibende Prozent wird durch die sogenannten Micro-Caps gebildet, die ausgeklammert sind. Der USA-Anteil beträgt etwa 57% der im Index vertretenen Marktkapitalisierung. Der Anteil der Schwellenländer beträgt etwas unter 10%.

Der Zusatz FM steht für Fontier Markets. Gemeint sind Grenzmärkte, also Wirtschaften, die keine Entwicklungsländer mehr sind, aber auch noch nicht zu den Schwellenländern gehören. Auch hierfür ist ein Index verfügbar: Der MSCI ACWI + Frontier Markets (FM) Index. Er enthält aktuell ca. 3.100 Unternehmen aus 23 Industriestaaten, 26 Schwellenländern und 28 Grenzmärkten, zu denen etwa Vietnam, Kroatien, Nigeria, Estland, Kenia und weitere Staaten gehören. Im Gegensatz zu den entwickelten und den Schwellenländermärkten gibt es für die Grenzmärkte noch keine Untersuchungsergebnisse im Hinblick auf die zu erwartende langfristige Rendite. Wer hier investiert, geht daher genau genommen eine Wette auf eine zukünftig gute Performance ein.

Auch den MSCI World und den MSCI Emerging Market Index gibt es übrigens als IMI- und als FM-Variante.

6.3.13 MSCI World Information Technology Index

Der MSCI World Information Technology Index wird an dieser Stelle beispielhaft für viele weitere Indizes genannt, die für den interessierten Investor zur Verfügung stehen. Für nahezu jede Branche, Region oder Kombination gibt es einen passenden Aktienindex, für die meisten Indizes lassen sich auch ETFs finden, in die man investieren kann.

Der MSCI World Information Technology Index deckt den Bereich der großen und mittleren Unternehmen ab, die etwa im Segment Systemsoftware, Hardware, Software, Halbleiter, Kommunikationselektronik, sowie vielen weiteren Branchen aktiv sind. Es sind Aktien aus 23 Industrieländern enthalten, wobei der Index mit etwa 86% sehr US-lastig ist. Die größten Positionen entfallen aktuell auf die Unternehmen Apple (17%), Microsoft (17%), Visa (4%), Intel (3,5%).

Hält ein Investor den Markt für Informationstechnologie für besonders aussichtsreich, so kann er sich mittels eines ETFs auf den MSCI World Information Technology Index entsprechend beteiligen, ohne sich in das Risiko von Einzelaktien zu begeben.

Solche sogenannten „Branchenwetten" sind allerdings stets spekulativ. Den Zukunftsbranchen, wie Biotechnologie, Hightech, Telekommunikation und weiteren werden gern hohe zukünftige Renditen zugesprochen. Hier liegt allerdings das Problem: Aufgrund dieses Zuspruchs dürfte ein großer Teil der entsprechenden Unternehmen bereits heute sehr teuer sein, denn die Märkte preisen solche Erwartungen stets recht schnell ein, was dazu führt, dass zukünftig die Kursgewinne vielleicht gar nicht mehr so dramatisch ausfallen könnten. Historische Daten zeigen, dass die langfristige Rendite solcher Trendbranchen sogar leicht unterhalb der breiten Marktrenditen liegt. Insofern gilt – ähnlich wie bei den Grenzmärkten -, dass solche Investments eher Wetten auf eine bestimmte zukünftige Entwicklung sind. Man kann hier durchaus investieren, man muss damit langfristig aber nicht unbedingt besser fahren als mit einem Portfolio, das auf Branchenwetten vollständig verzichtet.

6.3.14 Weitere Indizes

Neben Aktienindizes gibt es eine große Anzahl weiterer, mehr oder minder bekannter und genutzter Indizes. Beispielhaft genannt seien die Anleihenindizes, die Rohstoffindizes, wie der S&P Goldman Sachs Commodity Index (GSCI), der 24 verschiedene Rohstoffe aus fünf Sektoren enthält, oder der bekannte RICI (Rogers International Commodities Index), welcher 36 Rohstoffe enthält.

Bei den Immobilienindizes lässt sich etwa der MSCI World REITs Index anführen, welcher REITs (Real Estate Investment Trusts), also Immobilienaktien, aus 23 Industriestaaten enthält.

Für nahezu alle diese Indizes sind ETFs erhältlich, so dass man sein Portfolio entsprechend bestücken kann, sofern man dies möchte. In einem der nachfolgenden Kapitel schauen wir uns konkrete Beispiel-Portfolios im Detail an.

6.4 Fonds

Nun folgt eine Einführung in das Thema Fonds beziehungsweise Investmentfonds, zu denen auch die ETFs gehören. Wir schauen uns an, was Fonds überhaupt sind, wie sie arbeiten und was sie leisten können, sowie natürlich die Vorteile und Nachteile der aktiv gemanagten und der passiven Fonds und Indexfonds.

6.4.1 Was sind Fonds?

Wie auch die Indizes bestehen Fonds aus vielen Vermögenswerten einer Anlageklasse. Es gibt Aktienfonds, Anleihenfonds, Rohstofffonds und weitere. Mischfonds beinhalten unterschiedliche Assetklassen. Dachfonds investieren wiederum in andere Fonds.

Während Indizes nur berechnet werden – wir hatten gesehen, dass sie letztlich nur eine Kennzahl sind -, kaufen beziehungsweise erwerben Fonds die enthaltenen Wertpapiere oder zumindest gewisse Rechte an Wertpapieren. Hierbei gibt es unterschiedliche Methoden, wie wir noch sehen werden. Ganz allgemein betrachtet sammelt ein Fonds Geld von interessierten Anlegern ein und investiert dieses an den Kapitalmärkten in Aktien, Rohstoffe, Derivate, in Immobilien oder in anderweitige Vermögenswerte, je nach Anlagestrategie des Fonds. Ausgegeben werden Fonds von einem sogenannten Emittenten, wobei es sich meist um eine separate Fondsgesellschaft handelt, die Tochterunternehmen einer Bank oder eines anderweitigen Finanzdienstleisters ist.

Die in einen Fonds investierten Anlegergelder sind sogenanntes Sondervermögen, das per Gesetz von den Geldern der ausgebenden Gesellschaft oder Bank getrennt gelagert werden muss. Dies führt dazu, dass im Falle einer Insolvenz des Emittenten die Einlagen der Investoren nicht in die Insolvenzmasse aufgenommen werden dürfen: Sie sind vor anderen Gläubigern sicher geschützt, so dass der Investor seine Einlagen vollständig zurückerhält.

Ein Fonds selbst kann eigentlich nicht pleitegehen. Bestimmte Sonderkonstruktionen, die wir als passive Investoren nicht nutzen wollen, können allerdings dramatisch abstürzen. Es kam in der Vergangenheit durchaus vor, dass gewisse inverse oder gehebelte Produkte um 99,9% einbrachen, von wo aus sie sich im Normalfall nicht mehr erholen können. Die Ursache hierfür liegt in den besonderen Eigenschaften solcher Fonds, die wir später im Buch kurz der Vollständigkeit halber betrachten werden. Meist wurde der Fonds in einem solchen Fall aufgelöst und die geringfügigen Restbeträge entsprechend an die Anleger ausgezahlt. Um dem vorzugreifen: Wir als langfristige Anleger investieren in solche Konstruktionen pauschal nicht, denn sie dienen schlicht der kurzfristigen Spekulation, von der wir uns stets fernhalten wollen. Die Fonds beziehungsweise ETFs, die wir in unserem passiven ETF-Portfolio nutzen, können faktisch nicht Opfer solcher Abstürze werden, weil dies ihre Konzeption und ihr Fokus auf echte Vermögenswerte gar nicht zulassen.

Der Fondsemittent gibt also Anteile am Fonds aus. Der Anleger erhält für seine in den Fonds investierten Gelder Anteilscheine am entsprechenden Fondsprodukt, die in seinem Wertpapierdepot verzeichnet werden. Erwirtschaftet der Fonds nun Gewinne, etwa Kursgewinne, Dividenden, Prämien oder Zinsen, so werden diese an die Anteilsinhaber entweder ausgeschüttet (bei sogenannten ausschüttenden Fonds) oder sofort reinvestiert (bei sogenannten thesaurierenden Fonds), wodurch der Wert des Fonds steigt.

Fonds kann man über die ausgebende Fondsgesellschaft, über Hausbanken und Banken oder – falls es sich um börsengehandeltes Produkt (ETF) handelt - direkt über die Börse kaufen.

6.4.2 Aktiv gemanagte Fonds

Grundsätzlich unterscheidet man zwischen aktiv gemanagten und passiven Fonds beziehungsweise Indexfonds.

Aktiv gemanagte Aktienfonds werden von einem meist recht gut bezahlten Fondsmanager geleitet, der versucht, die den entsprechenden Fondskriterien nach „besten“ Aktien auszuwählen. Auf diese Weise möchte er ein besseres Ergebnis erzielen, als es der breite Markt aufweist, und zugleich das Risiko der Investition gegenüber dem Marktrisiko reduzieren.

Ein Beispiel: Ein aktiv gemanagter Aktienfonds könnte etwa nur in Qualitätsaktien investieren, deren Geschäftsmodell überzeugend erscheint und die zudem in den letzten 52 Wochen besonders stark im Kurs gestiegen sind. Der Fondsmanager nimmt an, dass diese Werte auch zukünftig weiter steigen werden und der Fonds auf diese Weise Gewinne verzeichnen wird. Beginnen die Aktienmärkte zu fallen, so versucht er, einen Teil seines Aktienkorbs zu verkaufen, „um die Cashquote zu erhöhen" und so weniger Verluste zu machen als der Gesamtmarkt. Meist funktioniert dieses auf den ersten Blick schlaue Vorgehen allerdings nicht.

Da der Fondsmanager bezahlt werden will und die Fondsgesellschaft vorgibt, ausgewiesenes Expertenwissen mit ihrem Fonds zu verkaufen, haben aktiv gemanagte Fonds im Allgemeinen einen hohen Gebührensatz. Meist sind es 5% Ausgabeaufschlag, die vom Anlagebetrag bereits beim Kauf als einmalige Gebühr zu entrichten sind. Hinzu kommen dann jährliche Managementgebühren, die noch einmal zwischen 1% und 3% liegen können. Diese Kosten muss der Fonds also erst einmal wieder einbringen, bevor der Investor den ersten Euro an Gewinn verbucht.

Nach wie vor blüht das Geschäft mit aktiv gemanagten Fonds. Besonders die großen Filialbanken und Versicherungen besitzen teilweise eigene Fondsgesellschaften, deren Produkte sie ihren Kunden zu verkaufen versuchen.

Schaut man sich das Geschäftsmodell dieser Fondsgesellschaften genauer an, so stellt man fest, dass ihre Einnahmequellen meist in keiner Weise an die Performance ihrer verkauften Produkte geknüpft sind. Ein Problem? Für die Banken und Fondsgesellschaften nicht. Für den Anleger allerdings schon.

Interessanterweise hat sich in mehreren einschlägigen Studien und Untersuchungen herausgestellt, dass auf die mittlere und lange Frist nur ein verschwindend geringer Anteil an aktiv gemanagten Fonds in der Lage ist, den Gesamtmarkt zu schlagen, also das Versprechen einer besseren Performance bei geringerem Risiko tatsächlich einzuhalten. Und je länger man den Betrachtungszeitraum für diesen Vergleich wählt, desto geringer wird die Anzahl der erfolgreichen Fonds. Der amerikanische Finanzwirtschaftler Mark Carhart untersuchte die Performance von fast 1.900 amerikanischen Fonds über einen Zeitraum von 35 Jahren hinweg. Das Ergebnis: 94% aller aktiv gemanagten Fonds hatten nach Kosten eine schlechtere Performance als der zum Vergleich herangezogene Index. Hätte ein Investor nur einmalig in den Vergleichsindex investiert, so hätte er – neben dem Ausgabeaufschlag – Unmengen an jährlichen Gebühren eingespart und die deutlich bessere Performance erzielt.

Auch stellte sich heraus, dass selbst die der Performance nach guten Fonds meist nur für einen gewissen Zeitraum in der Lage sind, ihren Vergleichsindex zu schlagen. Die

Gruppe der Outperformer-Fonds wechselt von Betrachtungsperiode zu Betrachtungsperiode ihre Zusammensetzung, und zwar ohne erkennbaren oder vorhersehbaren Zusammenhang. Die Option, nur in die wenigen erfolgreichen aktiv gemanagten Fonds zu investieren, entfällt somit, denn Sie wissen überhaupt nicht, wer in drei Jahren zur Gruppe der „guten“ Fonds zählen wird, und ob die derzeitigen Top-Fonds dann nicht die schlechtesten sind. So viel zu den Daten.

Wenn aber aktiv gemanagte Fonds derart schlecht abschneiden, weshalb sind sie dann nach wie vor so beliebt? Die Antwort auf diese Frage ist sehr einfach: Weil die Käufer unwissend sind und sich von ihrem Bankberater solche verkaufen lassen. Der Berater jedoch hat meist – da er nicht nach langfristiger Leistung, sondern nach Vertragsabschluss bezahlt wird – finanziell kaum ein Interesse an Ihrem wirtschaftlichen Erfolg als Investor. Er verdient seine Provision auch, wenn Sie Ihr Geld verlieren. Dass Sie in einem solchen Falle nicht Ihr Geld zurückverlangen können, steht im Kleingedruckten und nennt sich „Risikobelehrung“.

Auch wird teilweise mit einer Anzahl etwas irreführender Tricks gearbeitet. So wird etwa ein Fonds, der in einen bestimmten Markt investiert und dort relativ schlecht abschneidet, einfach mit einem völlig anderen Vergleichsindex verglichen, so dass das Fondsergebnis im Prospekt gut oder sogar hervorragend aussieht. Oder es werden nur

Kursverläufe gezeigt, welche die schlechten Marktphasen nicht enthalten.

Kurzum: Es ist zu empfehlen, sich von aktiv gemanagten Fonds eher fernzuhalten oder zumindest sehr aufmerksam zu sein und sich sehr gut die Details anzuschauen. Wenn Sie aber in der Lage sind, die Details wie erforderlich zu durchschauen, dann können Sie auch gleich selbst aktiv werden und Ihr Geld selbst anlegen. Aus diesem Grund schnell weiter zum nächsten Kapitel.

6.4.3 Passive Fonds oder Indexfonds

Passive Fonds bilden sozusagen das Gegenstück zu den aktiv gemanagten Investmentfonds. Im Zusammenhang mit dem Investieren bedeutet „passiv" den bewussten Verzicht auf eine aktive Anlagestrategie. Während der aktiv gemanagte Fonds versucht, einen zum Vergleich herangezogenen Index oder Markt zu schlagen, ist das Ziel eines passiven Fonds, die gleiche Performance zu erreichen, wie der zugrunde gelegte Index, und zwar zu möglichst geringen Kosten. Ein passiver Fonds versucht also, einen Index, beispielsweise den MSCI World, den DAX oder den S&P500, so gut wie möglich nachzustellen. Man nennt ihn daher auch Indexfonds.

Ein DAX-Indexfonds wird beispielsweise alle Aktien kaufen, die im deutschen Leitindex enthalten sind, und er tut dies auch in der entsprechenden Gewichtung. In der Folge wird er nahezu die gleiche Performance erreichen, wie der DAX. Exakt zu erreichen ist die Performance allerdings nicht. Ein Index ist – wie bereits dargelegt – ein berechnetes Konstrukt. Der Fonds hingegen muss die Aktien tatsächlich erwerben und auch regelmäßig gewisse Anpassungen vornehmen, um die Gewichtung der Einzelwerte im Fondsportfolio entsprechend seinem Vorbild zu erhalten. Dies führt etwa zu Kauf-und Verkaufskosten (sogenannte Transaktionskosten), die von der Fondsperformance abgezogen werden müssen. Je nach Art der Indexnachbildung und je nach Erfahrung des Fondsanbieters sind die sogenannte Tracking-Differenz und der Tracking-Fehler mehr oder minder groß.

Durch das Entfallen eines Fondsmanagers und durch die deutlich einfachere und transparente Anlagestrategie eines passiven Fonds liegen die Kosten sehr deutlich unter denen aktiv gemanagter Fonds: Der Fondsmanager ist meist nur noch ein Computersystem, und es werden deutlich seltener Käufe und Verkäufe getätigt.

Transparenz und Einfachheit stellen die Gründe, weshalb besonders die großen Filialbanken passive Fonds ihren Kunden nur selten oder gar nicht empfehlen. Sie können an solchen Produkten einfach zu wenig verdienen. Wie sollte man auch einen Ausgabeaufschlag von bis zu 5% rechtfertigen, oder irgendwelche hohen Managementgebühren, wenn der Fonds eigentlich keinerlei Management durch einen Fondsmanager benötigt? So herrscht inzwischen bei diesen Banken und Fondsgesellschaften eine gewisse Ratlosigkeit, da sich aktiv gemanagte Fonds mit einer für die Bank tollen Rendite immer weniger verkaufen lassen. Der Frust schlägt sich vielfach darin nieder, dass man gegen die ETF-Branche wettert und sie als gefährliches „Teufelszeug" herabgewürdigt.

Wenn Sie Lust, Zeit und Nerven haben, dann lassen Sie sich einmal in Ihrer Filialbank beraten und schauen Sie sich an, mit welchen Argumenten man Ihnen lieber die eigenen teuren, aktiv gemanagten Produkte verkaufen möchte als einen günstigen ETF.

7 ETFs – Börsengehandelte Fonds

Nach der Einleitung und den wichtigsten Grundlagen rund um das Thema Investieren nähern wir uns nun endlich den ETFs. Der Begriff ETF steht für Exchange Traded Fund, auf Deutsch börsengehandelter Fonds. ETFs sind Fonds, die werktäglich über die Börse gekauft oder verkauft werden können. Die Kauf- oder Verkaufsorders werden im Allgemeinen in Sekunden oder – je nach Liquidität - längstens in wenigen Minuten ausgeführt. Wir hatten gesehen, dass dies für die herkömmlichen Investmentfonds nicht gilt. Diese müssen direkt über den Emittenten oder über einen entsprechenden Vertragspartner gehandelt werden, was schon einmal einige Tage dauern kann.

In Deutschland stellt die Börse Berlin derzeit mit über 2.000 handelbaren ETFs das umfangreichste Angebot, der jährliche Umsatz mit börsengehandelten Fonds beträgt hier etwa 140 Millionen Euro. Die größte deutsche Börse in Frankfurt bietet etwa 1.700 ETFs an. Der meiste ETF-Umsatz erfolgt hierzulande allerdings über die elektronische Handelsplattform Xetra. Er betrug 2018 mehr als 150 Milliarden Euro. Tradegate liegt mit einem Umsatz von noch immer 7,7 Milliarden Euro auf Platz 2. Dies verwundert nicht, denn die zwei zuletzt genannten Börsen zeichnen sich durch vergleichsweise deutlich niedrigere Börsengebühren und eine hohe Liquidität aus. Es bietet sich insofern an, ETFs für das eigene Portfolio über Xetra oder Tradegate zu handeln.

Inzwischen sind unzählige ETFs erhältlich, die die unterschiedlichsten Indizes abdecken. Neben Aktien-ETFs existieren etwa auch solche für Anleihen, Rohstoffe oder Immobilien. Auch gehebelte und inverse Varianten sind verfügbar, wobei diese eine völlig andere Risikostruktur aufweisen und keine Verwendung im langfristigen ETF-Portfolio finden.

Wie für aktiv gemanagte Fonds gibt es auch für ETFs jährliche Verwaltungsgebühren, die sich in der Gesamtkostenquote (TER, Total Expense Ratio) zusammenfassen lassen. Während die Verwaltungsgebühren für einen aktiven Fonds allerdings 2% bis 3% im Jahr ausmachen, betragen sie für einen ETF im Allgemeinen lediglich zwischen 0,2% und 0,6%. Ausgabeaufschläge entfallen bei ETFs, wobei es hier durchaus Ausnahmen gibt. Einige Immobilien-ETFs etwa verlangen geringe Ausgabeaufschläge.

7.1 Die Arten von ETFs

ETFs bilden einen Index ab und versuchen zu möglichst geringen Kosten, die Performance des entsprechenden Index nachzubilden. Man spricht hier von der Replikation des Index. Um diese Aufgabe umzusetzen, muss der ETF die Aktien oder die Vermögensgüter, die im Index enthalten sind, prinzipiell stets mit der entsprechenden Gewichtung kaufen beziehungsweise im Portfolio halten. Hier gibt es allerdings einige Methoden zur Replikation, die ohne echte Käufe auskommen.

Handelt es sich beispielsweise um einen ETF auf den S&P500 Index, so muss er im Prinzip alle 500 Aktien unter Beachtung des jeweiligen Anteils am Index einkaufen und darauf achten, dass die Gewichtung im Laufe der Zeit stets so ist, wie der Index es vorgibt. Hierzu muss er zwischenzeitlich Anpassungen vornehmen. Weil der ETF nicht immer umgehend auf jegliche Veränderungen reagieren und sein Portfolio verzugsfrei anpassen kann, kann er den Index nie hundertprozentig exakt replizieren. Diese Tatsache beschreibt die sogenannte Tracking-Differenz des ETFs zum Index, die als Kennzahl für Investoren zur Verfügung steht und meist vom ETF-Anbieter publiziert wird.

Um die Tracking-Differenz zu reduzieren und die anfallenden Transaktionskosten zu mindern, die beim regelmäßigen Anpassen des ETFs anfallen, wurden zwei Verfahren entwickelt: Zum einen nutzen einige ETFs die sogenannte Teilreplikation (Sampling), bei welcher nur ein Teil der erforderlichen Aktien tatsächlich gekauft wird. Zum anderen wurde das sogenannte Swap-Verfahren entwickelt. Die unterschiedlichen Replikationsmethoden haben jeweils eigene Vor- und Nachteile für den Investor.

7.1.1 Physisch und synthetisch replizierende ETFs

Kauft und hält ein ETF alle für die möglichst exakte Nachbildung des zu replizierenden Index erforderlichen Aktien tatsächlich, so spricht man von vollständiger physischer Replikation. Ein DAX-ETF muss alle 30 Aktien in der der Gewichtung entsprechenden Stückzahl einkaufen, denn so viele Werte enthält der deutsche Index. Ein MSCI World ETF muss alle 1.400 unterschiedlichen Aktien erwerben, um den Index vollständig abbilden zu können.

Jeder Kauf und Verkauf einer Aktie führt zu Transaktionskosten, die sich aus den Gebühren der Börse zusammensetzen, sowie aus dem sogenannten Spread der Aktie, der Differenz zwischen dem An- und dem Verkaufskurs. Kaufe ich eine Aktie an, zahle ich meist einen etwas höheren Preis, als wenn ich sie zum selben Zeitpunkt verkaufen würde. Von der augenscheinlich kleinen Preisdifferenz von oft nur wenigen Cents leben ganze Berufsgruppen, und zwar ziemlich gut. Je nach Marktkapitalisierung und Marktlage ist dieser Spread etwas kleiner oder etwas größer.

Transaktionskosten und Spread führen zu insgesamt recht hohen Kosten zulasten des vollständig physisch replizierenden ETFs, die aus naheliegenden Gründen natürlich unerwünscht sind. Ein Anspruch eines passiven Fonds ist schließlich, einen Markt zu möglichst minimalen Kosten nachzubilden.

Um die Transaktionskosten zu reduzieren, wurde die sogenannte Teilreplikation (Samplingverfahren) entwickelt. Hierbei werden nur die liquidesten Aktien gekauft, welche die größte Gewichtung im Index haben und deren Kursbewegungen deshalb den meisten Einfluss auf die Entwicklung des Index nehmen. Aktien mit zu vernachlässigendem Einfluss werden nicht erworben. Auch mathematische Optimierungsmethoden kommen zum Einsatz, um ein Set von möglichst wenigen Einzelaktien zu ermitteln, das den Index so weit wie möglich nachbildet (Optimized Sampling). Bei geschickter Umsetzung führt dies zu nur einem unwesentlichen Anstieg der Tracking-Differenz, jedoch zu deutlich verringerten Transaktionskosten.

Ein großer Vorteil der physisch replizierenden ETFs ist, dass keine weitere Partei involviert ist, die gegebenenfalls als zusätzliches Risiko für die Investoren infrage kommt. Dies ist bei den Swap-ETFs ein wenig anders.

Auch das Swap-Verfahren, die sogenannte synthetische Replikation, wurde entwickelt, um die Nebenkosten des Investierens zu verringern. Der ETF geht ein vertraglich geregeltes Tauschgeschäft (engl. Swap) mit einem Finanzdienstleister ein, bei dem es sich meist um eine Bank handelt. Der ETF kauft von seinem Swap-Partner ein standardisiertes Aktienpaket, anstatt das den Index nachbildende Wertpapierportfolio. Im Anschluss daran tauschen die zwei Kontrahenten auf täglicher Basis die unterschiedlichen Renditen des standardisierten Aktienpakets und des abzubildenden Index aus: Verdient das standardisierte Aktienpaket mehr als der Index, so zahlt der ETF seinem Partner die Differenz als Barbetrag. Gewinnt hingegen der Index mehr hinzu, so zahlt der Swap-Partner entsprechend Geld an den ETF aus. So kommt der ETF zu einer genauen Nachbildung des Index, ohne die enthaltenen Aktien zu kaufen. Der Investor merkt von diesem ständigen Hin- und Her nichts, da sich der einsehbare Kurs ETF ziemlich genau so verhält, wie der zu replizierende Index.

Der Vorteil von Swap-ETFs gegenüber physisch replizierenden ETFs besteht in etwas niedrigeren Kosten. Dafür existiert allerdings das sogenannte Kontrahentenrisiko: Wenn der Swap-Partner in die Zahlungsunfähigkeit gerät, kann es zu Ausfällen und auf der Seite des Investors zu Verlusten beim investierten Kapital kommen.

Natürlich sichern sich die ETF-Anbieter auch bei Swap-Geschäften ab. Beispielsweise nutzen sie parallel gleich mehrere Swap-Partner oder solche, die ihrerseits weitere Einlagensicherungsmaßnahmen ergriffen haben. Insgesamt erscheint das Kontrahentenrisiko daher recht gering. Auch in der Finanzkrise 2008-2009 kam es bei keinem Swap-ETF zu signifikanten Problemen. Dennoch ist das Risiko grundsätzlich vorhanden und sollte vor dem Investment bedacht werden.

Weil den Swap-ETFs – speziell seit der Finanzkrise - ein wenig der Makel der Derivatespekulation anhaftet und viele Investoren dem Kontrahentenrisiko aus dem Weg gehen möchten, wechseln immer mehr ETF-Anbieter zu physischer Replikation. Mit der neuen Aktientransaktionssteuer, die jeden Aktienkauf und jeden Verkauf mit einer zusätzlichen Steuer in Höhe von voraussichtlich 0,2% belasten soll, kann sich dies allerdings speziell im europäischen beziehungsweise im deutschen Raum auch wieder ändern – sofern die Steuer umgesetzt wird. Durch Nutzung eines synthetischen Replikationsverfahrens würde der ETF diese zusätzlichen Kosten nämlich einsparen können.

7.1.2 Thesaurierende und ausschüttende ETFs

ETFs investieren ihr von den Investoren eingesammeltes Kapital in Vermögenswerte wie etwa Aktien, Immobilien, Anleihen. Ist der ETF erfolgreich, gewinnt er also durch Kursgewinne, durch eingenommene Dividenden oder durch Zinsen an Wert, so wird dieser Gewinn an die Anteilseigner weitergegeben. Hierfür nutzt er eines von zwei verfügbaren Verfahren: Entweder schüttet er die Erträge als Barbetrag an die Investoren aus. Man spricht hier von einem ausschüttenden ETF. Oder er reinvestiert seine Gewinne unmittelbar wieder in das eigene Portfolio, ohne, dass Barbeträge über das Konto der Investoren laufen. Im zweiten Fall handelt es sich um einen sogenannten thesaurierenden ETF. Beide Verfahren haben ihre Vor- und Nachteile für den Anleger.

Bei Rohstoff-ETFs gibt es keinerlei Ausschüttungen, da Rohstoffe wie Gold, Silber oder auch Rohöl keine Erträge produzieren.

Thesaurierende ETFs reinvestieren die erwirtschafteten Erträge aus Aktien, Anleihen oder anderen Vermögenswerten unmittelbar. Der Wert des ETFs erhöht sich um die zugeflossenen Mittel. Der ETF kann mehr Aktien einkaufen, wodurch sich die zukünftigen Erträge weiter vergrößern. Es wirkt also der Zinseszinseffekt: Das Vermögen des ETFs – und damit auch die Einlagen des Investors – wachsen mit der Zeit immer schneller an, ohne, dass der Investor selbst aktiv werden muss. Wer also langfristig Vermögen aufbauen möchte und nicht auf ein regelmäßiges Einkommen aus seinen Investitionen angewiesen ist, der sollte eher zu einem thesaurierenden ETF greifen, denn er erspart sich so die manuelle Wiederanlage der Ausschüttungen.

Ausschüttende ETFs geben erwirtschaftete Dividenden, Zinsen und weiteres Einkommen als Barbetrag an ihre Investoren weiter. Die Ausschüttung erfolgt meist einmalig im Jahr, seltener auch quartalsweise oder sogar monatlich.

Mit einem ausschüttenden MSCI World ETF lässt sich derzeit eine Ausschüttungsrendite von etwa 2% im Jahr erzielen, die sozusagen als passives Einkommen vorliegt. Es gibt ETFs, die eine höhere Ausschüttungsrendite bieten. Ein Anleger, der auf regelmäßige Einkünfte angewiesen ist, weil er beispielsweise seine Rente aufbessern möchte, der greift vorzugsweise zu einem ausschüttendem ETF. Wer hingegen langfristig Vermögen aufbauen will, der sollte ausgeschüttete Barbeträge in regelmäßigen Abständen reinvestieren, um den Zinseszinseffekt zu nutzen. Manche Broker bieten für erhaltene Ausschüttungen eine Funktion zur automatischen Wiederanlage an.

Steuerrechtlich gibt es zwischen thesaurierenden und ausschüttenden ETFs gewisse verfahrenstechnische Unterschiede, wobei steuerliche Abzüge sowieso erst nach Ausschöpfung des Steuerfreibetrags von derzeit 801 Euro bzw. 1.602 Euro (für Ehepaare) erfolgen. Der Gesamtbetrag der zu zahlenden Abgeltungssteuer ist bei beiden Ausschüttungsformen allerdings nahezu gleich, so dass sich hier kein signifikanter Vorteil zugunsten einer Variante ergibt.

Während beim Ausschütter die zu zahlende Abgeltungssteuer von der Depotbank direkt vom ausgeschütteten Geldbetrag abgezogen wird, fällt beim Thesaurierer das steuerpflichtige Einkommen zum Ende des Geschäftsjahres an. Zu Jahresbeginn wird – basierend auf der steuerlichen Vorabpauschale – ein entsprechender Betrag an Abgeltungssteuer vom Depotkonto abgebucht. Verkauft man einen thesaurierenden ETF irgendwann, so fällt grundsätzlich noch einmal Abgeltungssteuer an, die man sich in der Einkommenssteuer allerdings zurückholen kann. Die Zahlung der Steuer bei Verkauf vermeiden kann man nicht, denn sie wird unmittelbar vom Broker vollzogen und der Betrag an das Finanzamt übermittelt. In Verbindung mit der Vorabpauschale hat man also im Falle thesaurierender ETFs zuerst einmal eine doppelte Abgeltungssteuer zu zahlen. Da diese Form der Doppelbesteuerung nicht zulässig ist, darf – und sollte – man sich die zu viel gezahlten Beträge in der Steuererklärung entsprechend zurückholen. Wie Ihre konkrete Steuersituation aussieht, sollte Sie am besten unmittelbar mit einem Steuerberater klären.

Nachfolgend werden nun die wesentlichen Arten an ETFs vorgestellt. Wir beschränken uns hierbei auf die für unser passives ETF-Portfolio relevanten Assetklassen. Zum Schluss sprechen wir kurz über einige ETF-Varianten, die aufgrund von Konstruktion, Kosten und Risikoprofil nicht für den langfristigen Vermögensaufbau geeignet sind: Gehebelte ETFs, inverse ETFs sowie die aktiv gemanagten Produkte.

7.1.3 Aktienindex-ETFs

Im breit gestreuten und langfristig ausgelegten ETF-Depot bilden Aktienindex-ETFs die Basis für den sogenannten risikobehafteten Depotanteil, der für das Erwirtschaften einer angemessenen Rendite verantwortlich ist. Aktien – und damit auch Aktienindizes – bieten die langfristig höchsten Renditen aller gängigen Assetklassen. Da die Aktienmärkte besonders in Krisenzeiten ziemlich stark schwanken können, muss man jedoch grundsätzlich damit rechnen, dass Aktienindex-ETFs auch einmal eine Zeitlang deutlich im Minus notieren können. Der häufig genutzte iShares Core MSCI World UCITS ETF fiel beispielsweise innerhalb von 4 Wochen im Zuge der Coronavirenkrise um etwa 31% und erreichte Ende März seinen Tiefpunkt.

Der bekannteste und in Verbindung mit ETFs meist genutzte Index ist wahrscheinlich der MSCI World Index, für den eine große Anzahl an ausschüttenden und thesaurierenden ETFs erhältlich ist. Jedoch kann man inzwischen für nahezu jeden beliebigen Aktienindex ETFs erwerben, je nachdem, wie man sein Portfolio zusammenstellen möchte. Die Beschränkung liegt hier meist auf der Seite des Brokers oder der Börse, wo bestimmte Exoten eventuell nicht gehandelt werden können.

Sektor-ETFs replizieren Indizes, die ausschließlich Unternehmen aus bestimmten Industriebranchen oder Sektoren beinhalten. Wichtige Sektoren, für die ETFs verfügbar sind, sind etwa der Energiesektor, der sowohl Energieerzeuger als auch Erzeuger von Energieträgern und deren Verarbeiter enthält, der Sektor für Basiskonsumgüter, der für Finanzdienstleistungen, für Technologieunternehmen und der für Grundstoffe. Sektoren verhalten sich teilweise etwas anders als der Gesamtmarkt. Die nichtzyklische Branche der Basiskonsumgüter beispielsweise ist tendenziell weniger schwankungsintensiv und neigt dazu, in Krisenzeiten weniger zu fallen als der Gesamtmarkt. Dafür bietet sie allerdings auch eine geringere Durchschnittsrendite.

Im individuellen Portfolio können Sektor-ETFs die Diversifikation erhöhen, oder – falls gewünscht – bestimmte Sektoren priorisieren, um beispielsweise der konjunkturellen Sektorrotation zu folgen, bei welcher in bestimmten Phasen der Weltkonjunktur bestimmte Industriesektoren besonders gut, oder besonders schlecht performen. Mit Sektor-ETFs gehen Sie als Investor allerdings immer eine Sektor-Wette ein, die nicht zwingend zu einer besseren Gesamtperformance im Portfolio führen muss.

7.1.4 Rohstoff-ETFs und ETCs

Rohstoff-ETFs investieren - meist über Derivate - indirekt in die Erzeugnisse der Rohstoffmärkte. Zum breiten Rohstoffmarkt gehören etwa landwirtschaftliche und Agrarerzeugnisse wie Weizen, Sojabohnen oder Lebendrind, aber auch Schafswolle und Orangensaft, Energieträger, wie Erdgas und Rohöl, sowie Metalle, wie Blei, Zink, Kupfer, sowie natürlich die Edelmetalle Gold, Silber, Palladium, Platin.

Insgesamt weisen Rohstoffe eine recht hohe Schwankungsbreite auf, was sie nicht zu den zwischenzeitlich immer mal gern kommunizierten „sicheren Investments" macht. Wer sich über ETFs an den Rohstoffmärkten beteiligen möchte, der sollte sich mit relativ kleinen Anteilen von vielleicht 5% bis 10% des gesamten Depotvolumens begnügen. Zudem sollte er den vom ETF replizierten Rohstoffindex sehr genau aussuchen.

Im Vergleich zu Aktienindizes sind Rohstoffindizes deutlich vielfältiger zu gestalten, wie an der großen Bandbreite der verfügbaren Rohstoffe gut zu erahnen ist. Einen standardisierten Faktor zur Zusammenstellung eines Rohstoff-Index, wie er etwa mit der Streubesitz-Marktkapitalisierung bei Aktienindizes zum Einsatz kommt, gibt es für Rohstoffe nicht. Grundsätzlich erfolgt – je nach betrachtetem Index – eine Gewichtung der einzelnen Rohstoffe höchst unterschiedlich, beispielsweise nach wirtschaftlicher Bedeutung, Weltproduktion oder auch nach dem Potenzial zur Risikostreuung.

Die meisten Rohstoff-Indizes übergewichten die Energieträger in ihrer Zusammensetzung, da derzeit ihre wirtschaftliche Bedeutung als besonders hoch angesehen wird. So kommt dem Rohöl – als dem aktuell wichtigsten Energieträger – ein hoher Einfluss auf die Kursentwicklung des betrachteten Index zu. Im Hinblick auf den aktuell angestoßenen Wandel bei der Nutzung fossiler Energieträger könnte sich mittel- und langfristig hier allerdings einiges ändern.

Wer nur in einen einzigen Rohstoff investieren möchte, etwa in Gold, in Silber oder in Erdöl, der wird bei den ETFs nicht fündig. Entsprechend den EU-Richtlinien für ETFs muss ein solcher ein „Mindestmaß an Diversifizierung" aufweisen, und es dürfen keinerlei physische Rohstoffe enthalten sein. Hieraus ergeben sich für uns Anleger zwei Fragen: Wie replizieren Rohstoff-ETFs ihren Index, wenn sie keine physischen Rohstoffe kaufen und einlagern wollen und dürfen? Und wie kann ein Investor dennoch in nur einen einzelnen Rohstoff investieren?

Zur ersten Fragestellung: Da Rohstoff-ETFs keine physischen Rohstoffe kaufen dürfen, weichen sie auf sogenannte Rohstoff-Futures aus. Futures sind Derivate. Es handelt sich um Termingeschäfte, bei denen sich eine zweite Partei verpflichtet, zu einem bestimmten, zukünftigen Zeitpunkt eine bestimmte Menge eines Rohstoffs zu einem bestimmten Preis zu liefern.

Ein Beispiel: Ein ETF kauft einen Rohöl-Future mit einer Restlaufzeit von genau drei Monaten von einem Partner. Der Partner ist damit verpflichtet, in exakt drei Monaten 1000 Barrel Rohöl (ein Öl-Future umfasst immer eine Ölmenge von 1000 Standardfässern mit je 159 Litern) an den ETF-Manager zu liefern. Da der ETF das Öl allerdings nicht tatsächlich benötigt, verkauft er den Future kurz vor dem Ende seiner Laufzeit weiter, und zwar an jemanden, der tatsächlich kurzfristig 1000 Barrel Öl braucht. Anschließend kauft der ETF einen neuen Future mit wiederum einer Restlaufzeit von 3 Monaten. Diesen Vorgang Verkaufens und Neukaufens nennt man „Rollen des Futures".

Der ETF kann, da sich der Future selbstverständlich am Rohölpreis orientiert, auf diese Weise die Preisentwicklung des Rohstoffs nachstellen, ohne die Rohstoffe selbst zu kaufen und zu besitzen. In Phasen steigender Preise beim betrachteten Rohstoff ist es nun so, dass der länger laufende Future, den der ETF kauft, etwas teurer ist als der Rohstoff selbst. Man nennt diese Preissituation Contango. Der Preisunterschied ist die Prämie, welche die zur Lieferung des Rohstoffs verpflichtete Partei im Gegenzug für die eingegangene Verpflichtung erhält.

Verkauft der ETF den Future am Ende seiner Laufzeit weiter, so erhält er lediglich (annähernd) den aktuellen Rohstoffpreis ohne die ursprünglich gezahlte Prämie. Der ETF muss für den Kauf eines Futures also mehr bezahlen, als er beim Verkauf wieder erhält. Er verliert also bei jedem Kauf- und Verkaufszyklus Geld. Diesen Verlust bezeichnet man als „Rollverlust". Solche Rollverluste sind eine typische Eigenschaft von ETFs, die auf Futures basieren.

In Phasen fallender Rohstoffpreise sind die Verhältnisse nun anders herum: Futures mit längerer Restlaufzeit sind nun etwas billiger als solche mit nur noch kurzer Restlaufzeit. In solchen Phasen, die als „Backwardation" bezeichnet werden, macht der ETF dementsprechend „Rollgewinne":

Er erhält beim Verkauf des Futures zum Ende der Laufzeit etwas mehr Geld, als er beim Kauf bezahlt.

Rollverluste und Rollgewinne machen sich in der Performance eines Rohstoff-ETFs unter Umständen recht deutlich

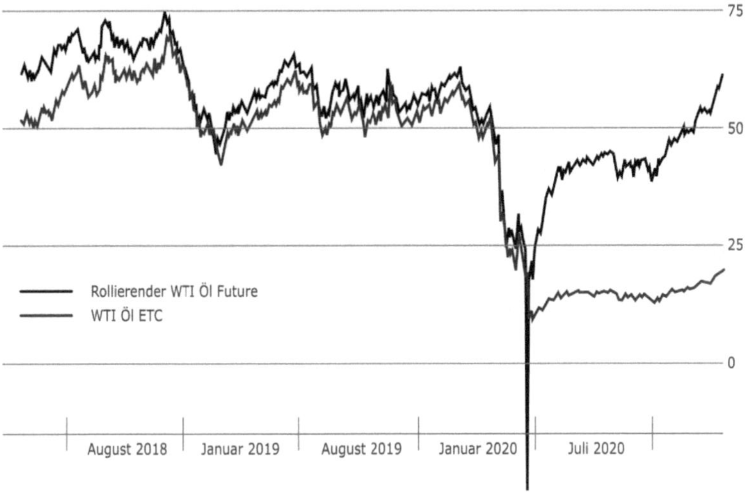

Abb. 5 Vergleich der Preisentwicklung zwischen WTI Öl (in Form des rollierenden Futures) und einem ETC, der WTI Öl replizieren möchte. Zu erkennen ist, dass – obwohl der ETC eine ähnliche Entwicklung verzeichnen sollte – es gravierende Unterschiede bei der Performance gibt. Ursache sind unter anderem die Rollverluste, die, je nach Ausprägung der Contango-Situation, besonders in Aufwärtsphasen sichtbar werden: Der ETC entwickelt sich deutlich schlechter. Zu sehen ist zudem auch die Anomalie des für eine sehr kurze Zeit negativen WTI-Ölpreises, wie sie in 2020 auftrat.

bemerkbar. Besonders in Phasen stark und kontinuierlich steigender Rohstoffpreise kann der ETF somit der Preisentwicklung des Rohstoffs deutlich schlechter folgen. Diesen Punkt sollte man als Investor kennen, wenn es um das Investment in Rohstoff-ETFs geht. Wer sich ein praktisches Beispiel zur Auswirkung des Rollens anschauen will, der sei an dieser Stelle auf die Abb. 5 verwiesen. Vergleicht man die Chartbilder des rollierenden WTI Öl Futures mit einem WTI Öl ETC, so fallen deutliche Unterschiede auf.

Vermeiden lassen sich Kosten durch Rollverluste bei Future-basierten ETFs nie ganz. Sie lassen sich aber durch mathematische Optimierungsverfahren zumindest reduzieren, was einige ETF-Anbieter gern nutzen. Auf der Investorenseite kann eine Reduktion durch eine möglichst hohe Rohstoff-Diversifikation erfolgen, wie sie in einem breit gestreuten Rohstoff-ETF bereits gegeben ist. Preislich bewegen sich die unterschiedlichen Rohstoffe im Zeitverlauf meist verschieden, so dass sich Contango- und Backwardation Situationen auf die lange Frist eher ausgleichen.

Nachfolgend nun zwei empfehlenswerte Rohstoff-ETFs als Beispiele.

Der BNP Paribas Easy Energy & Metals Enhanced Roll UCITS ETF EUR (ISIN: LU1291109616, WKN: A2AE6P) bietet den Zugang zu einem breit gestreuten Set an Industriemetallen, Edelmetallen und Energie an. Er repliziert Future-basiert und nutzt mathematische Verfahren, um die Rollverluste zu minimieren.

Noch breiter gestreut ist etwa der iShares Diversified Commodity Swap UCITS ETF (ISIN: IE00BDFL4P12, WKN: A2DK6R). Er orientiert sich am Bloomberg Commodity Index und enthält damit in der Reihenfolge ihrer Gewichtung den Energiesektor, Industriemetalle, Edelmetalle, Agrarerzeugnisse und Lebendvieh. Der ETF repliziert nicht auf der Basis von Futures, sondern nutzt das bereits erläuterte Swap-Verfahren. Es fallen also keine Rollverluste oder Rollgewinne an, allerdings existiert dafür ein gewisses Kontrahentenrisiko - wie bei allen Swap-basierten ETFs.

Zur zweiten Frage: Was kann der (europäische) Investor tun, wenn er sich nur einen einzelnen Rohstoff ins Depot holen möchte?

Wer sich an nur einem einzigen Rohstoff mit einem Investment beteiligen möchte, der kann ihn entweder physisch kaufen, etwa in Form von Goldbarren oder Silbermünzen. Alternativ lassen sich auch die sogenannten ETCs, börsengehandelten Rohstoffe, nutzen. ETC steht für Exchange Traded Commodities.

ETCs sind Inhaberschuldverschreibungen, die kein Sondervermögen darstellen, wie es bei den ETFs der Fall ist. Der ETC-Investor trägt also zusätzlich zum Kursrisiko ein Emittentenrisiko: Wird der den ETC ausgebende Finanzdienstleister insolvent, so ist das investierte Kapital des Investors nicht - beispielsweise vor vorrangig zu behandelnden Gläubigern – geschützt. Um diesem gewichtigen Kritikpunkt an ETCs vorzugreifen, nutzen viele Emittenten allerdings Methoden zu Absicherung, um das Emittentenrisiko herabzusetzen. Hierfür sind unterschiedliche Ansätze in Gebrauch. Die meisten Edelmetall-ETCs halten entweder den gesamten Bestand an Edelmetall oder zumindest Teile davon in physischer Form. Geht der Emittent Pleite, so können die Anleger aus dem Bestand vollständig oder mindestens teilweise ausbezahlt werden. Andere ETCs sichern sich über einen oder mehrere Swap-Partner ab. Hierdurch kommt natürlich ein weiterer Partner ins Spiel, der im Prinzip ebenfalls ein Ausfallrisiko darstellt. Das Swapverfahren wurde im Kapitel zu synthetisch replizierenden ETFs erläutert.

Die Wertentwicklung der ETCs orientiert sich am Rohstoffpreis beziehungsweise an den jeweiligen Futures. Ansonsten bieten ETCs die gleichen Vorteile und Nachteile wie die ETFs: Sie sind unmittelbar über die Börsen handelbar, verursachen nur geringe Kosten, unterliegen aber wie Rohstoff-ETFs ebenfalls Rollverlusten oder Rollgewinnen, sofern die Replikation Future-basiert erfolgt.

Der wohl in Deutschland bekannteste ETC ist der sogenannte Xetra-Gold ETC (ISIN: DE000A0S9GB0, WKN: A0S9GB). Die Wertentwicklung von Xetra-Gold orientiert sich direkt am Goldpreis, die Besicherung erfolgt durch physische Einlagerung des Goldbestandes. Wer in diesen ETC investiert, der kann sich sein Gold gegen eine Frachtpauschale sogar physisch nach Hause liefern lassen.

ETCs sind für viele unterschiedliche Rohstoffe erhältlich. Ob Lebendrind, Palladium, Zink, oder Sojabohnen, im Prinzip kann man sich fast alle Rohstoffe separat ins Depot holen. Es lohnt sich aus Kostengründen und aus Gründen der Diversifizierung aber im Normalfall eher ein Rohstoff-ETF.

7.1.5 Anleihen-ETFs

Bezieht man sich auf die klassische Portfoliotheorie nach Markowitz, so soll ein Portfolio stets aus einem risikobehafteten und einem risikoarmen Anteil bestehen. Dieser Ansatz hat grundlegende Vorteile, wie wir noch detailliert besprechen werden. Anleihen-ETFs - auch Renten-ETFs genannt - werden in ETF-Portfolios sehr gern zur Abbildung des risikoarmen Anteils genutzt, während der risikobehaftete Teil meist aus Aktienindex-ETFs besteht. Anleihen gelten grundsätzlich als „risikoarm", weil sie im Zeitverlauf deutlich weniger in ihrem Wert schwanken als Aktien.

Grundsätzlich lassen sich Anleihen in Staatsanleihen und Unternehmensanleihen unterteilen, ferner in kurzlaufende Anleihen (mit einer Laufzeit von maximal 3 Jahren), langlaufende (mit einer Laufzeit von 10, 30 oder sogar mehr Jahren), sowie in die mit mittleren Laufzeiten. Zusätzlich spielt das Rating eine große Rolle bei der Auswahl, womit eine Abschätzung im Hinblick auf das Wertschwankungs- beziehungsweise das Ausfallrisiko möglich ist.

Staatsanleihen werden von Staaten ausgegeben, die sich mit zusätzlichem Kapital versorgen möchten: Investoren leihen einem Staat einen Teil ihres Geldes und erhalten dafür einen zuvor festgelegten Zins. Der Staat wird im Gegenzug zum Schuldner. Je unsicherer die Rückzahlung des investierten Kapitals ist, desto höher wird der Zinssatz sein, den die Investoren erhalten möchten und können. Ist ein Staat aufgrund einer wirtschaftlichen Lage von der Zahlungsunfähigkeit bedroht, so ist es deutlich schwieriger für ihn, Kapital über Anleihen zu akquirieren, denn dies geht mit hohen Zinsversprechen einher, weil die Anleger für das stark erhöhte Ausfallrisiko natürlich eine entsprechende Entlohnung, die Risikoprämie, erhalten möchten. Entsprechendes gilt für die Unternehmensanleihen, mit deren Ausgabe sich Unternehmen mit Kapital eindecken können.

Der einfachste Weg für den Investor, das Ausfallrisiko eines Anleihen-Investments zu beurteilen, geht über die Ratings von Rating-Agenturen. Zwei der bekanntesten Rating-Agenturen sind Moody's und Standard & Poor's. Sie und andere bewerten regelmäßig unter anderem Anleihen beziehungsweise die Bonität (die Zahlungsfähigkeit) der entsprechenden Emittenten. Das Bewertungsschema umfasst Top-Bonität mit langfristig zu vernachlässigendem Ausfallrisiko (Bewertung bspw. AAA, AA+, AA) bis hin zur schlechtest möglichen Prognose (Bewertung bspw. CCC+, CC, D). In letzterem Fall kann das Ausfallrisiko als sehr wahrscheinlich angesehen werden.

Anleihen von Schuldnern mit sehr guten bis mittleren Ratings werden auch als „Investment grade" bezeichnet, in welche ein Investor mit unter Risikogesichtspunkten gutem Gewissen investieren kann. Sie bieten meist geringe Zinsen, sind aber durch ein ebenfalls recht geringes Risiko gekennzeichnet. Das Gegenstück dazu bilden die sogenannten „Junk Bonds", die hochriskant sind, allerdings teilweise verlockend hohe Zinsen bieten - sofern man bereit ist, das signifikant hohe Risiko eines Zahlungsausfalls zu akzeptieren.

Für nahezu jede denkbare Kombination aus Laufzeiten, Regionen, Ratings etc. sind entsprechende Anleihen-Indizes verfügbar, die wiederum von einer großen Anzahl an ETFs repliziert werden. Auch bei den Anleihen-ETFs gibt es solche, sie physisch replizieren und solche, die eine synthetische Replikation betreiben.

In das langfristig orientierte ETF-Portfolio sollten ausschließlich Anleihen-ETFs wandern, die – über einen entsprechenden Index – breit gestreute Anleihen mit bester Bonität und kurzer Laufzeit beinhalten. Ob dies Staatsanleihen, Unternehmensanleihen, oder ein Mix aus beiden

Arten sind, ist dem Investor überlassen. Aus Gründen einer möglichst hohen Diversifikation bietet es sich eventuell an, beide Anleihearten abzudecken.

Vielfach kommt das Argument auf, dass man anstelle eines Anleiheanteils im Portfolio doch auch einfach das Tagesgeldkonto nutzen kann, um den risikoarmen Part des Depots abzubilden. Hierzu im Folgenden ein paar Anmerkungen, die das Thema noch ein wenig vertiefen.

Das Tagesgeldkonto kommt grundsätzlich durchaus als Alternative zu kurzlaufenden, breit gestreuten Investmentgrade Anleihen-ETFs infrage. Zu beachten ist allerdings, dass Tagesgeldkonten nur bis zu einem Höchstbetrag über die gesetzliche Einlagensicherung besichert sind, während die Anleihen-ETFs – wie alle ETFs - Sondervermögen darstellen, das vor Zugriff durch Gläubiger im Insolvenzfall von Bank oder Broker geschützt ist.

Im Gegensatz zu Tagesgeldern zeigen Anleihen-ETFs mitunter Kursschwankungen, die sich aus Angebot und Nachfrage bezüglich der enthaltenen Anleihen ergeben. Diese sind im Allgemeinen zwar bei weitem nicht so hoch wie etwa bei Aktien. Sie können aber doch einige Prozentpunkte betragen. Anleihen reagieren beispielsweise sehr sensibel auf Zinsänderungen: Werden die Zinssätze durch die Zentralbanken erhöht, so geht dies mit einer Abschwächung der Nachfrage nach Anleihen einher, wodurch die Anleihen-Kurse sinken. Umgekehrt neigen die Kurse zu einem Anstieg, wenn die Zinssätze gesenkt werden. Nun leben wir aktuell in einer Zeit der sinkenden, sogar der negativen Zinsen. Weitere Zinssenkungen erscheinen immer weniger wahrscheinlich, so dass das Kurspotenzial der Anleihen – und damit auch der entsprechenden ETFs – eher gering ist. Solange jedoch die Anleihen-Ankaufprogramme der Zentralbanken laufen und tendenziell sogar weiter verstärkt werden, gibt es von dieser Seite her eine recht gewichtige Nachfragesituation, was mittelfristig weiter steigende Kurse stützen könnte.

Auf der anderen Seite dürfte in der nächsten Zeit eher nicht mit Zinserhöhungen zu rechnen sein, denn das würde eine große Anzahl schlecht kapitalisierter, bereits als „kreditunwürdig" eingestufter Unternehmen, sogenannte „Zombie-Unternehmen", und auch einige Staaten sehr schnell in Zahlungsschwierigkeiten bringen.

Kurzlaufende Staatsanleihen mit Top-Bonität weisen bei der aktuellen Zinslage heute leicht negative Renditen auf, die der Investor in Kauf nimmt, wenn er in solche Anleihen investiert. Diese negativen Renditen sind allerdings grundsätzlich etwas geringer als ein eventuell zu zahlender Negativzins auf Bareinlagen. Der Einlagenzins der EZB beträgt aktuell minus 0,5%. Wer größere Bargeldmengen bei der EZB einlagert, wie viele Banken es tun, der zahlt für die Aufbewahrung also 0,5% Zinsen an die Europäische Zentralbank. Wenn nun kurzlaufende Staatsanleihen bester Bonität lediglich 0,1% negative Rendite aufweisen, so macht der Investor weniger Verlust, wenn er solche kauft, anstatt Bargeld einzulagern.

Spinnen wir diesen Ansatz weiter: Vermutlich ist es nur noch eine Frage der Zeit, bis auch für weniger hohe Geldbeträge auf Tagesgeldkonten negative Zinsen gefordert werden. Je nach Höhe kann es sich dann also durchaus lohnen, in Anleihen-ETFs zu investieren, die eine geringere Negativverzinsung bringen und zudem zumindest ein gewisses Kurssteigerungspotenzial aufweisen.

Zuletzt noch ein rein psychologischer Aspekt, der im Hinblick auf den risikoarmen Depotanteil eher gegen Tagesgeld und eher für Anleihen-ETFs spricht: Budgets auf Tagesgeldkonten erscheinen nicht im Depot, sondern nur auf dem Tagesgeldkonto, da Wertpapierdepot und Tagesgeldkonto zwei separate, voneinander getrennte Konten sind. Anleihen bzw. Anleihen-ETFs hingegen werden – da sie als ausgewiesene Position im Depot erscheinen – als integraler Bestandteil des Depots wahrgenommen. Tendenziell ist man eher geneigt, Geld von einem Tagesgeldkonto abzuheben und für andere Zwecke zu nutzen. Damit entzieht man es allerdings dem Depot und verändert sein Gesamtrisiko.

7.1.6 Immobilien-ETFs

Immobilien-ETFs - auch REIT-ETFs genannt - ermöglichen Anlegern, breit gestreut in Immobilien zu investieren, ohne selbst welche zu erwerben. Immobilien-ETFs unterscheiden sich von offenen Immobilienfonds dadurch, dass sie in Immobilien-Aktienindizes, in sogenannte REIT-Aktienindizes, investieren. Die für den Investor aus den dargelegten Gründen deutlich weniger attraktiven offenen Immobilienfonds hingegen kaufen, betreiben und entwickeln Immobilien mit ihrem Kapital.

Immobilien-ETFs können - wie alle anderen ETFs - einfach und kurzfristig über die Börsen gekauft und verkauft werden. Als Grundlage für die Replikation werden Immobilienaktienindizes genutzt.

Wenn Sie einen Immobilienanteil in Ihrem Depot einrichten möchten, dann sollten Sie sich nicht im deutschen Raum nach REIT-Indizes und entsprechenden ETFs umschauen, denn hier gibt es schlicht nur sehr wenige. Der von der Deutschen Börse aufgelegte RX Real Estate Index enthält lediglich etwa 30 Immobilienaktien. Dies reicht natürlich bei weitem nicht aus, um die angestrebte, hohe Streuung zu erwirken.

Besser wird es, wenn man sich direkt im internationalen Bereich umschaut. Der weltweit aufgestellte S&P Global

REIT Index beinhaltet aktuell 406 Aktien von Immobilienunternehmen, wobei die USA mit 66% das größte Gewicht im Index erhält. Es folgen Japan (9%), Australien (6%), UK (5%), Singapur (4%), sowie viele weitere Länder. Zu diesem Index ist eine ganze Reihe von liquiden ETFs zu haben.

Der FTSE EPRA Nareit Developed Index bietet ebenfalls eine große Bandbreite an ETFs. Dieser Index beinhaltet etwa 2.100 REIT-Aktien aus den unterschiedlichsten Bereichen: Wohnimmobilien, Hotel-REITs, Büro-REITs, Shopping Mall-Betreiber, Betreiber von Datencentern und viele weitere Kategorien sind enthalten. Die Marktkapitalisierung beträgt aktuell 45 Milliarden USD.

Häufig genutzt für den Immobilienanteil im eigenen Portfolio wird von ETF-Anlegern der sehr gut verfügbare iShares Developed Markets Property Yield UCITS ETF (ISIN IE00B1FZS350, WKN A0LEW8), der die Immobilienwelt der entwickelten Länder weltweit abbildet und auf Unternehmen mit einer prognostizierten Dividende von mehr als zwei Prozent setzt.

Auch der iShares Asia Property Yield UCITS ETF (ISIN IE00B1FZS244, WKN A0LEQL) findet sich gern in Depots. Er setzt unter gleichen Kriterien speziell auf die entwickelten Staaten Asiens und zeigte in den letzten Jahren eine etwas geringere Schwankungsbreite und eine bessere durchschnittliche Performance als der zuvor genannte ETF.

Besonders bei Immobilien-ETFs lohnt sich ein anbieterübergreifender Vergleich. Hier kann man bei den Kosten teilweise recht deutlich sparen. Die oben genannten und von vielen Anlegern wegen des Fokus auf höhere Ausschüttungen bevorzugten ETFs haben eine TER von aktuell 0.59%. Auch wenn dieser Wert durchaus akzeptabel ist, so gibt es gegebenenfalls günstigere Alternativen.

Nachfolgend sehen wir uns nun noch drei ETF-Varianten an, die in einem passiven ETF-Portfolio nichts zu suchen haben. Dennoch sollten Sie sie kennen, damit Sie nicht - beispielsweise aufgrund der etwas unübersichtlichen Namensbildung - einmal versehentlich zugreifen und sich so unwissentlich ein deutlich erhöhtes Risiko in Ihr Portfolio holen.

7.1.7 Gehebelte ETFs

Unter einem gehebelten ETF (engl. Leveraged ETFs) versteht man einen Indexfonds, der die Auf- und Abbewegungen eines Index vervielfacht nachbildet, beziehungsweise der einen gehebelten Index repliziert.

Steigt beispielsweise der S&P500 Index innerhalb eines Tages um 1% an, so steigt ein entsprechender 2xLeveraged ETF um 2% an. Es wirkt ein Hebel von 2. Dies funktioniert natürlich auch in die andere Richtung.

Nun könnte man leichtfertig denken, dass sich ein gehebeltes Produkt auch für die langfristige Anlage geeignet ist. Wenn sich die Kapitalmärkte langfristig positiv entwickeln, so muss sich der leveraged ETF ja ebenfalls langfristig positiv entwickeln. Nur wegen des Hebels eben deutlich stärker. Dies ist in der Tat nicht so. Gehebelte ETFs zeigen nämlich aufgrund ihrer Berechnung eine sogenannte Pfadabhängigkeit, die dazu führt, dass Kursabstürze deutlicher nachvollzogen werden als Kursgewinne. Langfristig ist also nicht mit einer Überrendite zu rechnen. Im Gegenteil werden gerade gehebelte Produkte gern vom Emittenten aufgelöst, sofern sie einmal kräftig eingebrochen sind.

Der Nutzen von gehebelten ETFs liegt allein in der kurzfristigen Spekulation, die einer passiven Anlagestrategie völlig entgegensteht. Die Wahrscheinlichkeit zum Verlust des investierten Kapitals ist signifikant hoch.

Gehebelte ETFs erkennen Sie meist am Namen, der Phrasen wie „Leveraged", „Lev", „2x", „3x" oder gehebelte Indizes wie den LevDAX enthält. Auch die Produktbeschreibung gibt (verpflichtend) Aufschluss über das Produkt.

7.1.8 Inverse ETFs oder Short-ETFs

Sogenannte inverse ETFs, auch Short-ETFs genannt, bilden einen Index entgegengesetzt (invers) ab: Steigt beispielsweise der S&P500 Index an einem Tag, so fällt der entsprechende Short-ETF um ungefähr 1%. Exakt ist die Performance mit umgekehrtem Vorzeichen nicht zu erhalten, da wie bei den gehebelten ETFs eine sogenannte Pfadabhängigkeit vorliegt: Der Index kann im Prinzip unendlich weit ansteigen, während der Short-ETF maximal auf Null fallen kann. Dieser Aspekt wird in die Berechnung inverser Instrumente einbezogen.

Wozu kann man solche Konstrukte nutzen? Zum einen lässt sich mit ihnen der Versuch unternehmen, in Zeiten fallender Märkte Tradinggewinne zu erwirtschaften. Zum anderen kann man versuchen, sein langfristiges Portfolio in solchen Zeiten zu hedgen, also abzusichern: Buchverluste, die im Portfolio auftreten, werden durch die positive Entwicklung eines inversen Instruments ganz oder zumindest teilweise kompensiert.

Der bekannte deutsche Börsen-Guru Dirk Müller verwendet derartige Verfahren in dem von ihm gemanagten Fonds – jedoch nicht auf der Basis von Short-ETFs, sondern mittels Shortpositionen in Futures. Ist derartiges Hedging erfolgreich? Schauen Sie sich dazu einfach die längerfristige Performance des Produktes an und vergleichen Sie mit den relevanten Indizes. An dieser Stelle nur folgende Anmerkung: Da es extrem schwierig ist, einen Kursabsturz vorherzusagen, müsste man derartige Absicherungen kontinuierlich nutzen. Diese aber kosten viel Geld, besonders in Zeiten steigender Märkte. Eine Performance, wie sie im passiven ETF-Portfolio ohne jegliches hedging sehr gut möglich ist, kann man mit Absicherungsinstrumenten bei weitem nicht erreichen.

Die Verwendungsmöglichkeiten für Short-ETFs gehen letztlich ebenfalls nur in Richtung des kurzfristigen, aktiven Tradings und sind nicht für eine passive, langfristige Vermögensentwicklung mit ETFs geeignet. Insofern kommen solche Instrumente in einem passiven ETF-Portfolio auch nicht zur Anwendung.

Inverse ETFs lassen sich am Namen meist an Phrasen wie „Short", „Inverse", „-1" oder sogar „-2" (das ist ein gehebeltes, inverses Produkt) erkennen. Es gibt auch Short-Indizes wie etwa den ShortDAX, die von einigen ETFs repliziert werden.

7.1.9 Aktiv gemanagte ETFs

Inzwischen haben viele Banken und Versicherungen endlich auch wahrgenommen, dass viele ihrer ehemaligen Fondskunden aufgeklärter sind als noch vor einigen Jahren, und gern auf ETFs umsteigen möchten. ETFs bringen jedoch nicht die Gebühren ein, die eine Fondsgesellschaft mit aktiv gemanagten Fonds verbuchen konnte. Die Lösung besteht für einige Anbieter nun darin, einfach aktiv gemanagte ETFs anzubieten und diese teurer zu machen als die passiven Indexfonds. Hier lassen sich auch wieder höhere Ausgabeaufschläge kassieren.

Im Ergebnis bleibt allerdings alles beim Alten: Aktiv gemanagte ETFs werden mit hoher Wahrscheinlichkeit auf die lange Sicht genauso wenig den zugrunde gelegten Index schlagen, wie herkömmliche aktiv gemanagte Investmentfonds. Insofern bietet es sich an, solche Produkte einfach nicht zu nutzen und die eingesparten Kosten und Gebühren lieber in sein passives ETF-Portfolio zu investieren.

7.2 Die Vorteile von ETFs

Zusammenfassend lassen sich folgende Vorteile festhalten, die ETFs gegenüber anderen klassischen Investmentfonds und weiteren Anlageprodukten aufweisen: ETFs bieten dem privaten Investor eine gute Möglichkeit, Geld anzulegen und Vermögen aufzubauen. Sie zeichnen sich durch eine hohe Transparenz und konzeptionelle Einfachheit aus. Daher sind sie auch für den privaten Anleger und sogar für Einsteiger gut verständlich.

ETFs können unkompliziert und schnell über die Börsen gekauft und verkauft werden. Der zeitraubende und intransparente Weg des Kaufs und Verkaufs über die ausgebende Fondsgesellschaft entfällt.

Da ETFs Indizes aller Art nachbilden und deren Performance replizieren wollen, eignen sie sich ausgezeichnet für das passive Investieren, das dadurch gekennzeichnet ist, wenig zeitlichen und materiellen Aufwand zu verursachen. Dies macht diese Art der Geldanlage für private Investoren sehr attraktiv.

Im Vergleich zu aktiv gemanagten Investmentfonds haben ETFs sehr geringe Gebühren, meist keinerlei Ausgabeaufschläge und in der langfristigen Betrachtung eine bessere Performance nach Kosten.

ETFs gibt es für nahezu alle erdenklichen Assets, Branchen, Regionen. Hierdurch ist es möglich, ein sehr breit gestreutes Portfolio einzurichten, das nahezu die gesamte wirtschaftliche Wertschöpfung der Welt abdeckt. Auch ganz individuelle Akzente lassen sich problemlos setzen, indem man den einen oder anderen ETF hinzunimmt.

7.3 Die Risiken von ETFs

Der wichtigste Risikofaktor ist das allgemeine Wertschwankungsrisiko, dem ETFs ausgesetzt sind. Hierunter versteht man die Kursschwankungen, denen Aktien, Rohstoffe, Anleihen – und damit auch die entsprechenden ETFs – in jedem Zeitrahmen unterliegen. Während man sich in den letzten Jahren mehr und mehr daran gewöhnen durfte, dass die wichtigsten Börsenindizes zu immer neuen Allzeithochs aufstiegen, sahen wir – die einen schmerzhafter, die anderen weniger gravierend - kürzlich im Zuge der COVID-19-Pandemie, dass die Börsen eben keine Einbahnstraßen sind. Die Kurse brachen teils massiv ein und verursachten dicke Buchverluste in den Depots der Anleger. Damit muss man umgehen können. Buchverluste sind noch lange keine tatsächlichen Verluste, aber – je nach Erfahrung und eigener Risikotoleranz – sie können durchaus Stress verursachen.

Echte Verluste werden aus Buchverluste dann, wenn der Investor gerade in so einer schwierigen Marktphase Geld benötigt und mangels entsprechender Rücklagen gezwungen ist, Anteile von seinem ETF-Portfolio zu verkaufen. Dann realisiert er nämlich die angefallenen Buchverluste und hat am Ende unter Umständen viel weniger Geld raus, als er investiert hatte. Das demotiviert und sorgt vielleicht sogar dafür, dass der Investor die Geldanlage in ETFs oder den Börsenhandel allgemein für „schlecht und nutzlos", oder „gefährlich" zu halten beginnt.

Weitere potenzielle Risiken sind das Kontrahentenrisiko (bei Swap-ETFs und Wertpapierleihe), sowie das Risiko der Pleite von Fondsgesellschaft oder der Depotbank. Wie wirken sich diese Faktoren aus?

Das Kontrahentenrisiko beschreibt Ausfallrisiken, die prinzipiell bei den weiter oben vorgestellten Swap-Geschäften der synthetisch replizierenden ETFs auftreten können.

Gegen solche sichern sich die Fondsgesellschaften inzwischen im Allgemeinen recht gut ab, so dass derartige Ausfälle nicht an die Investoren weitergegeben werden. Die genutzten Absicherungsmethoden sind im Fondsprospekt ersichtlich. Nicht jeder ETF-Anbieter nutzt allerdings Absicherungen.

Daher lohnt sich das Informieren, bevor Sie ein Investment tätigen.

Das Kontrahentenrisiko wird gern überschätzt. Selbst in der Finanzkrise 2008-2009, in welchen selbst sehr große Banken unter die Räder kamen, gab es quasi keine Ausfälle bei ETFs wegen ausgefallener Swap-Partner. Auch wenn sich aus der Vergangenheit nicht pauschal auf die zukünftige Entwicklung schließen lässt, so dürfte die Finanzkrise doch ein recht guter Härtetest gewesen sein.

Hinsichtlich der Pleite von Fondsgesellschaft und Broker ist zu sagen, dass ETFs als Sondervermögen grundsätzlich von der Insolvenzmasse getrennt gelagert werden und das investierte Kapital dem Investor im Falle des Falles stets ausgezahlt werden kann. Aufpassen muss man eventuell bei ETCs, denn Anteile an solchen unterliegen nicht der Regelung zum Sondervermögen. Auch ETC-Anbieter sichern ihre Produkte aber meist entsprechend ab.

Viele ETFs werden in Fremdwährungen geführt. Bei den großen und bekannten Anbietern ist dies meist der US-Dollar. Wie steht es also mit dem Risiko, das durch unterschiedliche Währungen verursacht wird? Die Wertschwankungen eines internationalen ETFs resultieren genau genommen aus zwei Komponenten. Zum einen aus den Schwankungen der enthaltenen Aktien oder anderer Vermögenswerte. Zum anderen aus der Entwicklung des Wechselkurses von Fondswährung und Heimatwährung, etwa dem Euro. Im ungünstigsten Falle kann es sein, dass sinkende Aktienkurse mit einer Abwertung der Fondswährung gegenüber der Heimatwährung einhergehen. Das Ergebnis ist, dass der Fonds (in Euro) doppelt leidet: Er verliert an Kurswert und weist zusätzlich Währungsverluste auf, die sich aus dem Wechselkurs ergeben. Letztlich scheint es den Daten nach aber so, dass sich auf die lange Betrachtungsweise – die langfristige Betrachtung ist hier allerdings notwendig - sämtliche anfallende Wechselkursveränderungen gegenseitig nahezu aufheben und somit im Ergebnis mehr oder weniger wertneutral bleiben, sofern das ETF-Portfolio gut diversifiziert ist.

Möchte ein Investor hier allerdings sichergehen und bestehende Fremdwährungsrisiken ausschließen, so kann er währungsgesicherte ETFs nutzen, bei denen das durch Währungsschwankungen verursachte Risiko durch zusätzliche Sicherungsmaßnahmen ausgeschlossen wird. Diese ETFs enthalten meist eine entsprechende Angabe im ETF-Namen.

8 Die ETF-Anlagestrategie

Besonders für die privaten Anleger ist es sehr sinnvoll, eine möglichst einfache, überschaubare, langfristige und insgesamt wenig zeitaufwändige Anlagestrategie zu nutzen. Das passive Investieren in Indexfonds und ETFs, die sogenannte Buy and Hold Strategie, passt genau in das Anforderungsprofil einer guten Investmentstrategie für die private Geldanlage. Nachfolgend wird diese einfache und effektive Methode zum Vermögensaufbau detailliert vorgestellt. Zudem schauen wir uns mögliche Variationen der Strategie und vor allem den Begriff des „Risikos" genauer an.

8.1 Buy and Hold Strategie – Einfach passiv investieren

Buy and Hold bedeutet schlicht Kaufen und Halten. Halten meint hier einfach abzuwarten, dass die weltweiten Börsenmärkte und der Zinseszinseffekt auf die lange Frist ihre Wirkung zeigen und unser Depot wachsen lassen. Im Grunde genommen beschreibt dies auch schon die gesamte Basis unserer Investmentstrategie: Ein ETF-Portfolio wird einmalig aufgesetzt, die ETFs entsprechend gekauft, regelmäßige Sparpläne bei Bedarf eingerichtet, und ab und zu wird die Gewichtung der einzelnen Teile des Portfolios angepasst, damit das zu erwartende Risiko konstant bleibt. Ansonsten gibt es nur eines zu tun: Abwarten und die Zeit durch den Zinseszinseffekt ihre Arbeit machen lassen..

Der Begriff des passiven Investierens, der gern synonym für den Buy and Hold Ansatz herangezogen wird, beschreibt den bewussten Verzicht auf die Nutzung aktiver Anlagestrategien. Das Ziel des Investments ist nicht, den Markt zu schlagen, wie dies etwa die Fondsmanager aktiver Investmentfonds versuchen, sondern systematisch und breit diversifiziert die Rendite der weltweiten Kapitalmärkte zu möglichst geringen Kosten nachzuvollziehen und auf diese Weise an der langfristigen wirtschaftlichen Entwicklung der Welt teilzuhaben.

Verkäufe von ETF-Anteilen aus dem eigenen Depot finden nur dann statt, wenn das Investitionsziel erreicht ist und man beispielsweise am Ende des Berufslebens das angesammelte Kapital zur Finanzierung der Lebenskosten nutzen möchte, oder wenn sich das eigene Risikoempfinden verändert hat und man deshalb etwa den risikobehafteten Anteil des Portfolios reduzieren oder erhöhen möchte.

Die Stärken der Buy and Hold Strategie liegen auf der Hand: Sie ist sehr einfach umzusetzen, nachvollziehbar und mit wenig Zeitaufwand verbunden. Sie ist ohne umfassende Studien zu erlernen und anzuwenden. Sie verursacht – besonders auch im Vergleich mit allen aktiven Investmentstrategien wie Trading und Daytrading – nur sehr geringe Kosten.

Da die Wirtschaft der Welt auf Entwicklung und langfristiges Wachstum ausgerichtet ist, darf angenommen werden, dass die Börsenmärkte auf die lange Frist immer steigen werden, so dass im Ergebnis mit einer positiven Kapitalrendite zu rechnen ist. Wohlgemerkt auf die lange Frist.

Was sind mögliche Schwächen und Nachteile des passiven Investierens?

Zum einen kann es keine Outperformance geben. Sie werden mit einer passiven, indexbasierten Buy and Hold Strategie nie eine höhere Rendite als der Markt erreichen. Das passive ETF-Portfolio wird niemals ein besseres Ergebnis erzielen können als der Gesamtmarkt, denn das Ziel unserer ETFs ist es, die Märkte nachzubilden und nicht sie zu schlagen.

Dieser vermeintliche Nachteil wird jedoch schnell zum Vorteil, wenn man sich die Kehrseite anschaut: Ein einzelnes Unternehmen kann pleitegehen. Die Aktie wird in dieser Situation wertlos, das eingesetzte Kapital ist vollständig verloren. Da ein ETF je nach Ausrichtung in Hunderte oder sogar Tausende Aktien investiert ist, stört ein Pleiteunternehmen ziemlich wenig. Unter Umständen bemerkt man den Ausfall im Kursverlauf des ETFs noch nicht einmal. Zudem ist es - wie wir bereits gesehen haben -, so, dass aktive Anlagestrategien keinesfalls ein Garant für eine positive Rendite sind, sie aber zugleich einen deutlich höheren Aufwand, höhere Kosten und mehr Stress erzeugen als passive Anlagestrategien. Meist sind es die Transaktionskosten, die eine aktive Investmentstrategie langfristig unprofitabel machen.

Zum anderen ist der Investor gezwungen, fallende Märkte auszusitzen, da er, der Strategie folgend, Anteile von seinem Portfolio nicht zwischenzeitlich verkaufen darf.

Fallen die Börsenmärkte über einen längeren Zeitraum, so spricht man von einem Bärenmarkt. Bärenmärkte sind im

Abb. 6 Der DAX zeigte in den Jahren 2000 bis 2003 einen ausgeprägten Bärenmarkt, der ihn um mehr als 60% einbrechen ließ. Es dauerte bis 2007, bis es gelang, ein neues Hoch zu erreichen.

Allgemeinen kürzer als steigende Märkte (Bullenmärkte), sie fallen aber oft deutlich heftiger aus. Sie können Monate andauern, aber auch einige Jahre. Der DAX (Abb. 6) entwickelte beispielsweise in Folge der geplatzten Dotcom-Blase vom Jahr 2000 bis in das Jahr 2003 hinein einen Bärenmarkt und verlor in diesem Zeitraum über 60% an Wert. Der Abfall des Index verlief nahezu kontinuierlich, unterbrochen von einigen kurzen Gegenbewegungen (sogenannten Korrekturen).

Der passive Investor ist einer solchen Situation mehr oder minder hilflos ausgeliefert. Während aktiv gemanagte Fonds versuchen können (beim Versuch bleibt es meist, wie wir gesehen haben), aus den Märkten auszusteigen, ihre risikobehafteten Anteile zeitweise zu reduzieren, oder sich durch das Eingehen von Shortpositionen im Indexfuture zu hedgen, macht der Buy and Hold-Investor nur genau eines: Abwarten.

Vielen Investoren fällt es eher schwer, zu sehen, wie ihre Investments eine Zeitlang täglich weniger wert sind. Das Abwarten ist zwar kontraintuitiv, aber dennoch richtig. Kontraintuitiv deshalb, weil wir es gewohnt sind, ein vermeintliches Problem aktiv anzugehen und aktiv zu lösen. Und nun sollen wir einfach tatenlos zusehen, wie das Dilemma immer größer wird, und einfach nichts tun. Doch genau dieses Vorgehen ist richtig. Mehr noch, es ist für den langfristigen Erfolg sogar erforderlich, denn die historischen Daten zeigen, dass die meisten Versuche, sein Investment abzusichern oder genau zum richtigen Zeitpunkt zu verkaufen, zum Scheitern verurteilt sind. Wenn die unzähligen aktiv gemanagten Investmentfonds mit ihren hochqualifizierten und hochbezahlten Managern mit Jahrzehnten an Börsenerfahrung es nicht schaffen, die Märkte langfristig zu schlagen, dann sollte es für den privaten Anleger noch deutlich weniger machbar sein. Wenn die Profis es nicht schaffen, sich effektiv und ohne Einbußen bei der langfristigen Rendite gegen zwischenzeitliche Kursverluste abzusichern, dann sollte der private Anleger hier noch weniger Chancen haben.

Wie man es als passiver Anleger schafft, konstruktiv mit fallenden Börsenmärkten umzugehen, schauen wir uns in einem der nachfolgenden Kapitel an.

8.2 Was ist Risiko?

Im folgenden Kapitel beschäftigen wir uns mit dem Faktor „Risiko". Der Begriff wurde im Verlauf des vorliegenden Buches bereits mehrfach in gängigen Bedeutungsformen verwendet. Doch was genau versteht der Investor unter Risiko im Kontext der Geldanlage in ETFs? Und wie kann der Investor bestimmte Risiken reduzieren? Wir wollen uns an dieser Stelle nicht auf abstrakte Definitionen des Risikobegriffs stützen, sondern das Ganze praktisch betrachten. Aus diesem Grund definieren wir nachfolgend Risiko einmal im Zusammenspiel mit dem Begriff Chance. Zum anderen setzen wir den Begriff mit der sogenannten Volatilität oder Schwankungsbreite gleich. Hieraus ergeben sich schnell die wesentlichen Aspekte für nahezu alle Formen der Geldanlage.

8.2.1 Chancen ohne Risiko?

Grundsätzlich gilt: Chancen und Risiken sind untrennbar miteinander verknüpft. Alle Investments, die einen höheren Ertrag als Tagesgeldkonto, Festgeld oder kurzlaufende Staatsanleihen versprechen, gehen ganz allgemein mit einem höheren Risiko einher. Ein Investment in einen Aktien-ETF ist stets „riskanter" als ein Investment in Festgeld. Riskanter bedeutet in diesem Zusammenhang, dass die erwarteten Erträge beim ETF – im Gegensatz zum Festgeldvertrag - in einigen Perioden ausbleiben können, oder sogar durch Verluste ersetzt werden.

Die Höhe der in einer Periode tatsächlich erwirtschafteten Erträge ist nämlich von Unsicherheit geprägt: Man kann sie vorher nicht exakt kennen. Was man allerdings abschätzen kann, sind die zu erwartenden Erträge für die unterschiedlichen Assetklassen und Vermögenswerte, die zu ermitteln sind, wenn man sich (unter Nutzung der richtigen statistischen Methoden) ihre Entwicklung in der Vergangenheit anschaut.

Auf Basis der jährlichen Renditedaten lässt sich im einfachsten Fall ein Durchschnittswert errechnen, der einen Anhalt bietet, mit wie viel Ertrag im Durchschnitt auch zukünftig gerechnet werden kann. Macht man es nur ein wenig komplizierter, so betrachtet man zudem die Standardabweichung, welche die Schwankungsbreite der jährlichen Erträge aufzeigt. Mit diesen zwei Zahlenwerten erhält man bereits ein recht gutes Bild davon, wie „riskant" ein Investment in eine bestimmte Assetklasse beziehungsweise in einen bestimmten Vermögenswert ist.

Es muss allerdings an dieser Stelle sofort angemerkt werden, dass die Performance in der Vergangenheit auch bei Nutzung der ausgefeiltesten mathematischen Methoden nicht automatisch in die Zukunft übertragen werden kann. Dies gilt besonders dann, wenn man kurz- oder mittelfristige Zeiträume betrachtet. Es bleiben letztlich stets statistische Analysen, die (nur) mit einer gewissen Wahrscheinlichkeit angeben, wie eine zukünftige Entwicklung ablaufen kann. Eine faktische Sicherheit für die Entwicklung gibt es bei risikobehafteten Wertanlagen niemals.

Ein Grundsatz, der sich aus der Ermittlung der durchschnittlichen Erträge der unterschiedlichen Assetklassen ergibt, lautet: Je höher die erwarteten Erträge sind, desto höher ist auch das zu erwartende Risiko. Dies liegt an der sogenannten „Volatilität", der Wertschwankungsbreite. Umgekehrt gilt im Kontext, je niedriger die zu erwartenden Erträge sind, desto geringer das Risiko der Investition. Festgelder und kurzlaufende Staatsanleihen generieren sehr geringe Erträge, Schwellenländeraktien und Derivate zeigen sehr hohe. Erstere gelten als risikoarme Geldanlagen. Derivate, wie Futures oder Optionen, gelten als hochspekulative Anlageformen mit sehr hohem Risiko. Einzelinvestments – etwa in eine einzelne Aktie – gelten als riskanter als das Investment in einen ETF, da eine Aktie eine deutlich höhere erwartete Volatilität aufweisen kann als ein Korb mit vielen Aktien.

8.2.2 Was ist Volatilität?

Eine sehr oft genutzte Form der Risikobeschreibung ist die sogenannte Volatilität. Unter Volatilität versteht man die Schwankungsbreite eines Wertpapiers oder ETFs (oder eines beliebigen anderen Finanzinstruments) um seinen Durchschnittswert. Wenn wir davon sprechen, dass die Aktienmärkte im Durchschnitt der letzten Jahrzehnte pro Jahr etwa 8% Rendite abgeworfen haben, so sagt dies nichts darüber aus, wie sich die Märkte bei Betrachtung einzelner Jahre oder Monate verhalten haben. Sie stiegen nicht geradlinig an, sondern zeigten meist verschiedene Aufwärts- und Abwärtsbewegungen bei unterjähriger Betrachtung.

Jahr	Rendite S&P500 Index	Rendite MSCI World Index	Rendite MSCI EM Index
2004	10,7%	11,8%	25,2%
2005	5,0%	16,3%	34,2%
2006	15,8%	16,1%	32,0%
2007	5,5%	5,4%	39,4%
2008	-37,0%	-38,1%	-53,2%
2009	26,7%	26,2%	78,5%
2010	15,3%	10,6%	18,9%
2011	2,0%	-3,2%	-18,4%
2012	16,0%	14,6%	18,2%
2013	32,0%	29,2%	-2,5%
2014	13,6%	10,4%	-2,2%
2015	1,4%	2,5%	-14,8%
2016	12,1%	9,6%	11,5%
2017	21,8%	19,1%	37,3%

Tabelle 2 Durchschnittliche Rendite pro Jahr von drei Indizes. Man erkennt, dass es – etwa in der Finanzkrise 2008 - in einigen Jahren auch negative Renditen von teils erheblichem Ausmaß gab.

Während es den ETF-Investor nicht wirklich stört, wenn die Rendite in einem Jahr anstatt der erwarteten 7% einfach 12% ist, so sieht es anders aus, wenn eine solche von minus 10% im Betrachtungsjahr vorliegt. Der Durchschnitt bleibt über den gesamten Zeitraum der letzten Jahrzehnte bei im Mittel etwa 7%. Der tatsächliche Wert bewegt sich unterjährig allerdings mehr oder weniger stark über und unter diesem Mittelwert.

Der Investor verzeichnet also in einigen Jahren einen höheren Buchgewinn als die 7%, in anderen Jahren allerdings vielleicht einen Buchverlust. In welcher Höhe mit solchen Schwankungen jeweils zu rechnen ist, lässt sich mittels der Volatilität angeben, und zwar für beliebige Zeitrahmen. Die genaue Messung dieser Kennzahl erfolgt üblicherweise mit der statistischen Kennziffer der „Standardabweichung".

Die Standardabweichung ist definiert als das Maß für die Streubreite der Werte eines Merkmals um seinen Mittelwert. Oder anders ausgedrückt, ist sie die durchschnittliche Entfernung aller gemessenen Ausprägungen eines Merkmals vom Durchschnittswert. Sie ist ausgesprochen nützlich, wenn man die Unsicherheit von Renditen unterschiedlicher Wertpapierarten oder Wertpapiere einordnen oder vergleichen möchte.

Das Risiko der Streuung ist letztlich das, was unser Hauptrisiko als Investor darstellt: Je volatiler ein Asset oder eine Assetklasse, als desto risikoreicher gilt sie. Man spricht hier vom Wertschwankungsrisiko einer Geldanlage. Es gilt aber auch: Je volatiler eine Anlage, desto höhere Renditen wirft sie im Allgemeinen ab, denn sie kann sich in kurzer Zeit stärker bewegen: Während sich Staatsanleihen bester Bonität im Normalfall vielleicht ein oder zwei Prozentpunkte im Jahr bewegen, kann die Aktie eines großen Konzerns sich durchaus mehrere zehn Prozentpunkte im Jahr nach oben oder nach unten entwickeln.

8.2.3 Risiko reduzieren heißt Rendite reduzieren

Im Kontext eines passiven ETF-Portfolios gilt zusammenfassend, dass Risiko und Rendite stets zusammengehören. Verändere ich einen der beiden Faktoren, so wird sich auch der andere ändern. Die Frage ist, wo liegt für den individuellen Anleger der angemessene Kompromiss. Dieser hängt einerseits von der Risikofreudigkeit des Investors ab, sowie andererseits von seinen Investmentzielen. Die maximal mögliche Rendite ist für den passiven Anleger die, welche die in seinem Depot abgebildeten Märkte produzieren. Mehr kann er nicht erreichen, da er mit seiner Strategie ja auf den Versuch einer aktiven Anlagestrategie verzichtet.

Das maximal mögliche Risiko – gemäß unserer Definition – besteht in den Wertschwankungen, welchen die im Depot abgebildeten Märkte unterliegen. Diese werden nahezu vollständig mitgetragen. Ist der Investor nicht bereit, zumindest zeitweise die für eine Assetklasse üblichen Kursschwankungen und die damit einhergehenden Buchverluste hinzunehmen, so muss er das Wertschwankungsrisiko in seinem Portfolio reduzieren, indem er die entsprechende Assetklasse im Depot geringer gewichtet. Meist ist es der Aktienanteil, der dann zu reduzieren ist.

Nachdem wir uns nun mit dem Thema beschäftigt haben, was Risiko eigentlich ist, wie wir es grundlegend messen und steuern können, kommen wir zur Frage, wie sich der Faktor Risiko auf Ihr Depot auswirken wird.

Die Faktenlage ist die folgende: Sie werden in Ihrem ETF-Portfolio mehr oder minder starken Wertschwankungen ausgesetzt sein. Auch wenn in der Vergangenheit mit einer bestimmten Assetklasse im Durchschnitt eine bestimmte Rendite erzielt werden konnte (und der Wahrscheinlichkeit nach auch zukünftig etwa erzielt werden wird), so wird diese nicht jedes Jahr gleichverteilt vorliegen. Es wird Jahre geben, in denen die tatsächliche Rendite deutlich größer ist als die erwartete. Und es wird solche geben, in denen es sich umgekehrt verhält.

Sie werden eventuell nicht nur bereits erzielte Wertsteigerungen von Ihren ETFs teilweise wieder abgeben müssen, sondern vielleicht auch das eine oder andere Mal eine Weile ins Minus rutschen. Man spricht hier vom Drawdown der Investition.

Wie hoch die absoluten Wertschwankungen (in Eurobeträgen) letztlich sein werden, hängt einerseits von der Gewichtung der einzelnen Assetklassen im eigenen Portfolio ab: Ein reines Portfolio aus Aktien-ETFs wird deutlich stärker schwanken als ein solches, das nur zu 30% Aktien-ETFs enthält und zu 70% beispielsweise kurzlaufende Staatsanleihen.

Andererseits hängt die Höhe der Schwankungen (in Euro) von der Höhe der Investition ab: Ein 100.000 Euro hohes Investment produziert in absoluten Geldbeträgen ein größeres Minus als ein 10.000 Euro hohes Investment. Je nachdem, ob Sie ein risikofreudiger oder ein eher risikoaverser Anleger sind, werden Sie einen anderen Anteil risikoarmer Assetklassen wählen und auch das Investmentkapital eher Stück für Stück investieren, anstatt direkt einen großen Einmalbetrag anzulegen.

8.3 Der Anlagezeitraum des Investments

Für welche Zeiträume lohnt sich eine Geldanlage in ETFs? Grundsätzlich gilt: Je länger der Anlagehorizont, desto besser ist es. Wie wir im Kapitel zum Risiko gesehen haben, gilt die durchschnittliche Rendite, die eine Assetklasse einbringt, in der langfristigen Betrachtung. Kurzfristig können – je nach Klasse und Grund – mehr oder minder starke

Wertschwankungen auftreten, die etwa durch konjunkturelle Aufschwünge oder Abschwünge, oder aber durch einmalige Schocks, wie die aktuelle Coronaviruspandemie, ausgelöst werden.

Je länger der Anlagehorizont ist, desto mehr gleichen sich aufwärts und abwärts gerichtete Kursschwankungen aus, wobei die langfristige Tendenz der Aktienmärkte – basierend auf verfügbaren Vergangenheitsdaten der letzten mehr als einhundert Jahren - immer aufwärtsgerichtet ist. Der Ausgleich der kurz- und mittelfristigen Schwankungen, die Rückkehr zum Durchschnittswert, wird als „Mean Reversion“ bezeichnet. Gemeint ist das stets wiederkehrende und inzwischen gut untersuchte Phänomen, dass Kurse um ihren Mittelwert zwar schwanken, früher oder später aber regelmäßig zu ihm zurückkehren.

Bärenmärkte und Krisenmärkte neigen dazu, nicht länger als drei Jahre zu dauern, wie man leicht ermitteln kann, wenn man sich die weltweiten Börsenmärkte mit Hilfe langfristiger Kurscharts anschaut. Da der Investor aber – wie bereits angesprochen – nicht pauschal von der Vergangenheit auf die Zukunft schließen darf, ist ein zeitlicher Sicherheitspuffer durchaus angebracht. Bei Geldanlagen in Aktien und Aktien-ETFs ist es empfohlen, einen Anlagezeitraum von mindestens 5 Jahren, besser von mindestens 10 Jahren, anzustreben. Innerhalb des Anlagezeitraums muss sichergestellt sein, dass das investierte Kapital nicht für andere Zwecke benötigt wird, und man es deshalb dem

Depot entnehmen muss. Denn das Schlimmste, was dem eigenen Vermögen passieren kann, ist, dass man ungeplant kurzfristig Gelder benötigt und sein ETF-Portfolio ausgerechnet mitten in einem Bärenmarkt mit herben Verlusten auflösen muss. Dann werden aus Buchverlusten reale Verluste, die – je nach Höhe – schmerzhaft sein können, und die die Rendite vieler Jahre zunichtemachen können.

Um dies zu vermeiden, ist eine gute finanzielle Vorausplanung erforderlich, die ausreichende Rücklagen enthält, um auch ungeplante Kosten kurzfristig abdecken zu können, ohne das Investment anzugreifen. Zudem gilt: Je kürzer der geplante Anlagezeitraum, desto geringer sollte im Portfolio der risikobehaftete Anteil insgesamt sein.

Anlagezeiträume von unter fünf Jahren kommen für ETF-Investments nur dann infrage, wenn es sich ausschließlich um Anleihen-ETFs handelt, die Anleihen bester Bonität und kurzer bis maximal mittlerer Laufzeit enthalten. Diese bringen im Moment allerdings keine oder nur eine ausgesprochen geringe Rendite. Aktien-ETFs kommen für solche kurzen Zeiträume aus den genannten Gründen auf keinen Fall infrage.

8.4 Beachten Sie die Kosten der Geldanlage mit ETFs

Ein wichtiges Kriterium für den Erfolg einer Investition besteht in den Kosten, die erforderlich sind, um das Investment aufzusetzen oder zu erhalten. Zu unterscheiden sind grundlegend Depotkosten, auf die Transaktion bezogene Kosten und auf das Wertpapier bezogene Kosten.

Depotkosten fallen nach wie vor bei einigen Banken an und werden meist jährlich abgerechnet. Im Gegenzug bieten diese Banken im Allgemeinen mehr oder weniger hochwertige Beratungsleistungen an, auf die der Nutzer von reinen Onlinebrokern weitestgehend verzichten muss. Viele sehr gute Onlinebroker bieten kostenfreie Depots, so dass die Nutzung eines kostenpflichtigen nicht erforderlich scheint, sofern der Investor sich ausreichend sicher mit der Materie fühlt.

Transaktionskosten fallen beim Kauf und Verkauf eines Wertpapiers an. Enthalten sind Brokergebühren, aber auch eventuelle Börsengebühren. Transaktionskosten variieren von Broker zu Broker. Hier lohnt sich ein Vergleich. Einige Broker sind bereits dazu übergegangen, Flatrates auf die Transaktionskosten einzuführen oder sogar auf solche zu verzichten. Hier ist allerdings zu beachten, dass auch diese Banken natürlich Geld verdienen möchten. Sie tun dies meist über einen höheren Spread, die Differenz zwischen Ankaufs- und Verkaufskurs: Sie als Kunde zahlen beim Kauf einen etwas höheren als den Marktpreis für Ihren ETF. Die Differenz streicht der Broker als Erlös für sich ein.

Die auf das Wertpapier bezogenen Kosten sind einmalige Ausgabeaufschläge beim Kauf (die bei ETFs eigentlich eher in Ausnahmefällen anfallen), sowie laufende Gebühren, die auf jährlicher Basis erhoben werden.

Die Kosten verringern die tatsächliche Rendite einer Geldanlage, was langfristig einen großen Einfluss auf das Ergebnis haben kann. Genau dies ist einer der Gründe dafür, dass aktiv gemanagte Investmentfonds sehr oft eine schlechtere Rendite einbringen als ein Index beziehungsweise ein passiver Indexfonds: Die laufenden Gebühren solcher Produkte sind mit 2% bis 3% im Jahr einfach zu hoch. Selbst wenn der Fonds genauso gut performt wie ein Vergleichsindex: Nach Abzug der Kosten ist das Ergebnis letztlich schlechter.

Bei ETFs und generell bei passiven Indexfonds ist die Gebührensituation insgesamt deutlich günstiger als etwa bei aktiv gemanagten Produkten. Auch hier gibt es von Anbieter zu Anbieter Unterschiede.

Um die Kosten verschiedener ETFs untereinander zu vergleichen, kann der Investor die sogenannte Gesamtkostenquote (Total Expense Ratio, TER) nutzen. Diese liegt je nach Produkt zwischen 0,2% und über 1% jährlich, sollte im Allgemeinen aber eine Höhe von 0,75% nicht überschreiten. Gleichen sich zwei ETFs im Hinblick auf alle wesentlichen Kriterien, wie Fondsgröße, Ausrichtung, Replikationsmethode, Ausschüttungsverfahren etc., so kann man den ETF mit der geringeren TER bevorzugen.

Die TER enthält – entgegen ihrem Namen – allerdings nicht alle Kosten, die ein ETF verursacht. Enthalten sind etwa Lizenzgebühren für den replizierten Index: Möchte eine Fondsgesellschaft beispielsweise einen ETF auf den DAX herausbringen, so benötigt sie einen Indexlizenzvertrag mit der Deutschen Börse Group, dem Rechteeigner am DAX. Weiterhin enthalten sind in der TER die Vertriebsgebühren, die Management- und Betriebskosten sowie die Gebühren, welche durch die Verwahrung der vom ETF gekauften Einzelaktien anfallen.

Nicht in der TER enthaltene Kosten sind beispielsweise Swap-Gebühren sowie die Transaktionskosten auf Fondsebene, wie etwa Spreads und Brokerkosten. Auch diese Kosten werden natürlich an den Investor weitergegeben. Sie können derzeit allerdings lediglich über die vom ETF angebende Tracking-Differenz abgeschätzt werden, die bei der Auswahl eines Produktes selbstverständlich möglichst klein sein sollte.

Derzeit gibt es Anstrengungen seitens der Regulierungsbehörden, die – für ETFs insgesamt bereits sehr gute – Transparenz weiter zu erhöhen. Hierzu wurde eine weitere Kennzahl entwickelt, die Total Cost of Ownership (TCO), welche wirklich alle anfallenden Kosten eines ETFs enthält. Allerdings existiert hierzu noch keine verpflichtende gesetzliche Regelung. Auch ist die Berechnung deutlich komplizierter, so dass die TCO bislang nicht anbieterseitig publiziert wird. Vermutlich ist es eine Frage der Zeit, bis dies verpflichtend wird.

8.5 Einmalanlage oder regelmäßige Einzahlungen?

Was macht mehr Sinn? Eine größere Summe auf einmal anlegen? Oder lieber regelmäßig kleinere Geldbeträge investieren? Die meisten privaten Investoren verfügen über ein Einkommen, von welchem sie in regelmäßigen Abständen Beträge für die Geldanlage nutzen können. Besitzt man ein größeres liquides Vermögen, so kann man allerdings auch eine Einmalanlage, oder eine Kombination erwägen.

Rein renditebezogen ist es völlig egal, ob für ein Investment eine Einmalzahlung oder regelmäßige Einzahlungen getätigt werden. Die Gesamtrendite ist auf die lange Frist letztlich gleich. An dieser Stelle wird sich nun sehr schnell Widerspruch von vielen Bank- und Finanzberatern regen, die sich auf den sogenannten Durchschnittskosteneffekt (Cost Average Effect, CAE) beziehen.

Der Durchschnittskosteneffekt besagt, dass man langfristig gegenüber einer Einmalzahlung profitiert, wenn man regelmäßige Einzahlungen in ein Investment tätigt. Begründet wird dies gern damit, dass man in steigenden Märkten weniger Anteile beispielsweise an einem ETF kauft, da sie vergleichsweise teuer sind. Hingegen erwirbt man mit der gleichen Geldmenge in schlechten Zeiten mehr Anteile, da diese nun vergleichsweise billig sind. Hieraus soll sich der Vorteil ergeben: Man verringert seinen durchschnittlichen Einstiegskurs. Dies allerdings hat keinerlei Einfluss auf die Rendite einer Kapitalanlage.

Beim sogenannten Cost Average Effect handelt es sich „lediglich um eine triviale mathematische Begleiterscheinung", die keinerlei positive Auswirkung auf die Rendite hat. Gerd Kommer hat in seinem exzellenten Buch „Die Buy-and-Hold Bibel" (2009) nachgewiesen, dass der CAE zwar schon zu einer Senkung der Kosten je ETF-Anteil führt, dies jedoch auf die Gesamtrendite des Investments über den gesamten Anlagezeitraum hinweg keinen Einfluss hat. Niedrige durchschnittliche Kosten sind weder eine Risikokennziffer noch eine Renditekennzahl. Dieser Faktor kann also nicht zur Beurteilung von Rendite und Risiko herangezogen werden, wenn es um die Frage geht, ob man einmalig oder regelmäßig Geld anlegen soll.

Warum wird der CAE dann von Fondsanbietern und Bankberatern so gern zur Sprache gebracht? Die Antwort darauf ist ganz einfach: Man kann den unerfahrenen Kunden auf diese Weise etwas ihre Angst vor fallenden Märkten nehmen, indem man ihnen erklärt, dass sie durch den Kauf von mehr Fondsanteilen in fallenden Märkten eigentlich von diesen profitieren.

Lassen wir den Durchschnittskosteneffekt aufgrund seiner finanzmathematisch nachweislichen Irrelevanz für die Rendite beiseite, so ergeben sich allerdings dennoch unmittelbare Vorteile aus der Idee, in festen Abständen Geld zu investieren.

Zum einen betreibt man mit regelmäßigem Sparen sozusagen einen mechanisierten Vermögensaufbau. Geld wird mittels eines Sparplans oder mittels einer Dauerüberweisung regelmäßig vom Girokonto in gewisser Weise automatisch auf das Depot umgeschichtet und steht dort grundsätzlich erst einmal nicht mehr für Konsumausgaben zur Verfügung. Man unterstützt auf diese bequeme Weise ein diszipliniertes Ansparverhalten.

Zum anderen – dies wurde bereits angemerkt – bietet das Investieren von kleineren, regelmäßigen Geldbeträgen Vorteile im Hinblick auf den gewichtigen Faktor Stress. Es kann durchaus sein, dass der Einsteiger mit dem Investieren in ETFs gerade dann beginnt, wenn die Börsenmärkte zu fallen beginnen und einen Bärenmarkt ausbilden.

Ein verlangsamter Markteintritt durch schrittweises Investieren kleinerer Beträge vermindert zwar nicht die relativen, aber zumindest die absoluten Buchverluste. Dies führt - besonders beim Beginner – zu deutlich weniger Aufregung und verhindert unter Umständen, dass der vor kurzem noch hochmotivierte Einsteiger vorschnell aufgibt und sein ETF-Depot wieder auflöst, um „zumindest etwas Geld zu retten“. Es macht - besonders wenn noch Börsenerfahrung fehlt – einen großen Unterschied, ob ich 10.000 Euro investiert habe oder 500 Euro, wenn mein ETF um zehn oder zwanzig Prozent einbricht.

Wenn Sie also Beginner sind, dann fangen Sie am besten mit kleineren, dafür regelmäßig investierten Geldbeträgen an. Bedenken Sie immer: Die Märkte und auch die Renditen laufen Ihnen nicht weg.

8.6 Sparplan oder manuelle Order?

ETF-Sparpläne werden inzwischen von der überwiegenden Mehrzahl an Brokern angeboten. Sie erfreuen sich einer großen Beliebtheit, weil sie das Ansparen und Investieren sehr einfach und bequem machen. Ob man einen Sparplan nutzen möchte oder seine Positionen in regelmäßigen Abständen mit manuellen Orders kauft, muss man für sich selbst entscheiden. Letztlich ist es schlicht eine Kosten- und eine Bequemlichkeitsfrage.

ETF-Sparpläne erlauben es, das regelmäßige Investieren quasi zu automatisieren. Man wählt sich einen oder mehrere ETFs aus, die man besparen möchte, und wählt Kaufzeitpunkt sowie Sparbetrag aus. Per Lastschriftverfahren wird der angegebene Geldbetrag nun automatisch regelmäßig vom Girokonto oder dem hinterlegten Referenzkonto eingezogen und in den entsprechenden ETFs investiert. Mehr ist nicht zu tun.

Das Besondere an Sparplänen ist, dass man mit ihnen – im Gegensatz zum Direktkauf über eine manuelle Order – auch Stückelungen von ETF-Anteilen erwerben kann. Liegt der aktuelle Kurs des ausgewählten ETFs etwa bei 200 Euro, während die Sparrate lediglich 50 Euro im Monat beträgt, so werden einfach 0,25 Anteile des ETFs gekauft und auch so im Wertpapierdepot gutgeschrieben. Dividenden werden auch dann anteilig ausgeschüttet, wenn kein ganzer ETF-Anteil im Depot liegt. So lässt sich auch mit kleineren Geldbeträgen mit Hilfe von ETFs Vermögen ansparen.

Sparpläne sind bequem. Dies sollte man nicht unterschätzen, denn viele Menschen möchten möglichst wenig Zeit für das Thema Finanzen und Investitionen aufwenden. Wenn das Investieren automatisch und ohne regelmäßiges Zutun durch den Investor funktioniert, so kann man keine Sparrate „vergessen“ oder aus Bequemlichkeit einmal ausfallen lassen. Es läuft einfach alles „wie von selbst“. Damit unterstützen Sparpläne auf simple Weise die Disziplin, die für den zielgerichteten, langfristigen Aufbau von Vermögen erforderlich ist.

Die Kosten für ETF-Sparpläne liegen aktuell bei den großen Direktbanken um 1,5% des Sparbetrages, bei einigen Brokern sogar deutlich darunter. Sie werden direkt beim Kauf der Wertpapiere abgezogen, so dass die Investition nur in Höhe des Sparbetrags abzüglich der Gebühr erfolgt.

Nun lässt sich darüber streiten, ob eine Gebühr von 1,5% hoch oder niedrig ist. Wenn dem Investor eine sehr hohe Sparrate zur Verfügung steht, so kann er – je nach Broker durchzurechnen – mit niedrigeren prozentualen Kosten manuell investieren. Zudem kann er dann eher auch auf ETF-Bruchteile verzichten, so dass er diesen Vorzug der ETF-Sparpläne gar nicht benötigt. Ist die Sparrate geringer, so bieten sich die angebotenen Sparpläne aufgrund der Vorteile trotz der Gebühren an. Brokervergleiche lohnen sich in Bezug auf die Kosten von ETF-Sparplänen. Kosten und Gebühren sollten aber nicht das einzige Auswahlkriterium im Hinblick auf den Broker darstellen.

Ein mögliches Argument gegen ETF-Sparpläne besteht in der Verfügbarkeit bestimmter ETFs. Während die meisten Broker inzwischen ein recht großes Angebot an ETFs bieten, können meist nur bestimmte Produkte mittels eines Sparplans bespart werden. Hier lohnt es sich ebenfalls, verschiedene Anbieter zu vergleichen, um einen Broker zu finden, der die eigenen Anforderungen vollständig erfüllt.

Da ETF-Sparpläne aktuell immer beliebter werden, erweitern die Broker allerdings kontinuierlich ihr Angebot.

8.7 Einkommen oder Wachstum?

Die Art der ETFs, die im eigenen Portfolio verwendet werden, ergibt sich aus der Zielsetzung des Investors. Benötigt er ein regelmäßiges Einkommen, um beispielsweise seinen Lebensunterhalt damit zu finanzieren, so wird er zu ausschüttenden ETFs greifen. Möchte er Vermögen ansparen und aufbauen, so legt er sich eher thesaurierende, also wiederanlegende ETFs in sein Depot. Daneben spielen unter Umständen auch steuerliche und psychologische Gründe eine Rolle.

In den meisten Fällen werden neue Investoren Vermögen aufbauen wollen. Thesaurierende ETFs unterstützen dies, denn sie legen erwirtschaftete Einnahmen, etwa erhaltene Dividenden, automatisch wieder an. Auf diese Weise lässt sich auf einfache und bequeme Art der Zinseszinseffekt nutzen, der erforderlich ist, um in der langen Frist ein respektables Vermögen zu erwirtschaften.

Ist das Vermögen schon da, so lässt sich mit ausschüttenden ETFs ein weitgehend passives Einkommen schaffen, mit welchem man seinen Lebensunterhalt ganz oder teilweise bestreiten kann. Maßgeblich ist hier die Ausschüttungsrendite, die angibt, wie hoch die ausgeschütteten Erträge im Vergleich zum aktuellen Kurswert sind.

Dass für eine vollständige Deckung der Lebenshaltungskosten durch ETF-Ausschüttungen ein hoher Investitionsbetrag erforderlich ist, sollte klar sein. Die Ausschüttungen des beliebten, quartalsweise ausschüttenden ETFs Vanguard FTSE All-World UCITS ETF Distributing (ISIN IE00B3RBWM25, WKN A1JX52) betrugen für das Jahr 2019 1,57 Euro, was einer Ausschüttungsrendite von etwa 1,8% für den Betrachtungszeitraum entspricht. Ein Investment von 100.000 Euro erwirtschaftet demnach 1.800 Euro an Ausschüttungen pro Jahr vor Steuern.

Die meisten ausschüttenden ETFs, die bei inländischen Brokern erhältlich sind, schütten ihre erwirtschafteten Beträge einmal im Jahr aus. Nun ist dies nicht unbedingt das, was man sich unter einem „regelmäßigen Einkommen" vorstellt. Schaut man sich etwas genauer um, so findet man schnell ETFs, die mehrere Ausschüttungen im Jahr vornehmen, wobei diese meist quartalsweise erfolgen. Mit einer guten Auswahl kann der Investor sich mit diesen ein monatliches Einkommen schaffen: Er benötigt drei ETFs, die quartalsweise, aber in unterschiedlichen Monaten ausschütten.

8.8 Die eigene Strategie umsetzen

Wir haben nun die Grundlagen des passiven Investierens mit ETFs besprochen, das Thema Risiko erörtert und einige wesentliche Optionen herausgearbeitet, die in der eigenen Anlagestrategie zur Anwendung kommen können. Als Nächstes beschäftigen wir uns mit dem Aufbau eines ETF-Portfolios und mit den Auswahlkriterien, nach denen wir die Entscheidung treffen, welche ETFs in das Depot wandern. Anschließend werden ein paar konkrete Portfolios vorgestellt, um die etwas trockene Thematik mit ein wenig Praxis zu untermauern. Zuvor allerdings noch ein paar Worte zur Umsetzung der passiven Investmentstrategie.

Gerade für Investoren, die noch nicht lange an den Börsenmärkten aktiv sind, kann die Flut der täglichen Nachrichten und Informationen aus dem Internet, aus Blogs, YouTube, Zeitungen oder Fernsehen sehr verwirrend sein und Stress erzeugen. Der wichtigste Punkt an in diesem Zusammenhang ist folgender: Ob der DAX, die asiatischen oder die amerikanischen Börsenmärkte heute gestiegen, gefallen oder gecrasht sind, ist für Ihr ETF-Portfolio zuerst einmal völlig irrelevant. Ob irgendwelche Analysten den deutschen Aktienmarkt in vier Wochen auf einem neuen Allzeithoch oder in den Abgrund stürzen sehen, ist für Ihr Depot nicht von Belang. Der passive Investor denkt immer

– wirklich immer – in der langen Frist von vielen Anlagejahren. Wie im Kapitel über die Volatilität dargestellt wurde, ist die zu erwartende Rendite eines passiven ETF-Portfolios in der langen Frist positiv. Dies ändert sich auch nicht, wenn Crashpropheten den Untergang des Euro, der Weltwirtschaft, des US-Dollars oder gar der ganzen freien Welt prophezeien. Sie leben von ihren apokalyptischen Ansagen, gewinnen Kunden für ihre Sachwertfonds damit, verkaufen Bücher mit diesen und verdienen so ihr Geld. Ob Dotcom-Crash 2000, Finanzkrise 2008/2009, die große Depression ab 1929, den Einbruch des Rohölpreises auf unter Null 2020 (ja, der Ölpreis war tatsächlich für eine sehr kurze Zeit negativ!), wir als Gemeinschaft haben bislang alle Krisen gemeistert, und die Aktienmärkte haben sich früher oder später stets wieder erholt und zu neuen Höhenflügen angesetzt.

Schenken Sie daher den kleinen und den großen „Propheten" im Hinblick auf Ihre Geldanlage keine Beachtung. Nehmen Sie sie zur Kenntnis, aber lassen Sie Ihre Anlageentscheidungen von ihnen nicht beeinflussen. Lernen Sie, zu verstehen, warum die von Ihnen gewählte Anlagestrategie funktioniert. Dieses Wissen ist Ihre Waffe gegen Verunsicherung. Sind Sie überzeugt davon, dass Ihre Anlagestrategie funktioniert, dann setzen Sie sie konsequent und – falls erforderlich – mit stoischer Ruhe um. Ruhe, Konsequenz und Geduld sind der Schlüssel, um langfristig aus einem kleinen Vermögen ein großes zu erwirtschaften.

8.9 Robo-Advisor – Ja oder nein?

2014 traten die ersten auf, inzwischen sind unzählige Produkte am Markt aktiv: die sogenannten Robo-Advisors. Hierbei handelt es sich um Programme, die dem Anleger die Entscheidungen abnehmen und nach eigenen Aussagen die Geldanlage zu geringen Kosten vereinfachen sollen. Sie fragen in einem ersten Schritt die Risikobereitschaft des interessierten Investors ab, erstellen anschließend, basierend auf den Daten des Anlegers, ein Portfolio aus Produkten der unterschiedlichen Anlageklassen und kümmern sich automatisch um das erforderliche Rebalancing. Im Grunde genommen muss der Anleger also nichts weiter für seine Geldanlage tun.

Im Gegenzug für die abgenommene Arbeit veranschlagt der Robo-Advisor eine jährliche Verwaltungsgebühr, die – je nach Anbieter - von 0,5% bis etwas über ein Prozent beträgt. Sie kommt zu den zu entrichtenden Gebühren der im Portfolio enthaltenen Produkte hinzu. Unterstellen wir eine durchschnittliche TER von 0,5% p.a., so landet der Nutzer eines Robo-Advisors bei etwa 1% bis 1,5% Gebühren jährlich.

Ist es eine gute Strategie, einen Robo-Advisor zu nutzen? Grundsätzlich spricht nichts dagegen, sofern man einen qualifizierten Anbieter nutzt und auf einen rein passiv agierenden Robo-Advisor setzt. Allerdings muss man sich von dem Versprechen der Anbieter, die gesamte Geldanlage zu übernehmen, lösen. Denn die Verantwortung bleibt letztlich selbstverständlich beim Investor. Er gibt zu Beginn seine Präferenzen an, und hierfür muss er bereits ein gewisses Grundlagenverständnis erworben haben, sonst gibt es unter Umständen böse Überraschungen. Denn vor Verlusten ist der Anleger auch mit einem solchen Produkt grundsätzlich nicht geschützt.

Somit kommt der Anleger auch dann nicht ganz umhin, sich mit dem Thema Geldanlage mit ETFs zu beschäftigen, wenn er einen Robo-Advisor nutzen möchte. In diesem Falle kann er aber seine Investments auch gleich selbst managen, wodurch er Gebühren spart, die sich auf die lange Frist auch in der Performance widerspiegeln.

Fazit: Wenn Sie möchten, schauen Sie sich die renommierten Robo-Advisors gern an und nutzen Sie sie. Notwendig erscheint dies allerdings nicht, denn das passive Anlegen mit ETFs ist nicht kompliziert, wie Sie im Verlauf des Buches hoffentlich schnell erkennen werden.

Interessiert Sie das Thema, so schauen Sie sich vielleicht folgende Anbieter an: Quirin von der Quirin Privatbank, VTB Invest von der VTB Direktbank, sowie den Robo-Advisor von Scalable, der aktuell als Marktführer gilt. Die ersten zwei Produkte erfordern eine Mindestanlagesumme von 1000 Euro beziehungsweise 500 Euro, bieten aber auch

Sparpläne an. Scalable erfordert eine Mindestanlage von 10.000 Euro. Natürlich gibt es viele weitere gute Anbieter.

Sehen Sie sich vor dem Investment unbedingt an, wie die einzelnen Produkte speziell in der kürzlich aufgetretenen Coronakrise performt haben. Konnten sie ihre Versprechen im Hinblick auf Umschichtungen und Anpassungen halten und haben so geringere Verluste hingelegt als die Vergleichsindizes?

9 Der Aufbau eines ETF-Portfolios

Nachdem wir die Grundbegriffe des Fondshandels, die Indizes und die ETFs als Bausteine unserer Geldanlagestrategie kennengelernt haben, uns mit Risiko und Volatilität auseinandergesetzt haben, kommen wir nun zum konkreten Aufbau eines passiven ETF-Portfolios.

9.1 Was ist ein Portfolio?

Der Begriff „Portfolio“ wurde im Verlauf des Buches bereits mehrfach verwendet. Für den weiteren Verlauf wollen wir ihn ein wenig schärfen. Das Wort Portfolio leitet sich aus dem Lateinischen ab und enthält die Begriffe „portare“ (tragen) und „folium“ (Blatt). Im allgemeinen Sinne beschreibt ein Portfolio eine „Sammlung von artverwandten Rechtsgütern“. In dem von uns genutzten Kontext ist es eine Sammlung von Vermögensgütern jeglicher Art.

Nachfolgend sprechen wir von einem ETF-Portfolio als Sammlung von unterschiedlichen ETFs, sowie gegebenenfalls zugewiesenen Barguthaben (etwa zugewiesene Tagesgeldbeträge).

Das Portfolio wird als Ganzes betrachtet und generiert eine bestimmte Rendite (Portfoliorendite) zu einem bestimmten Risiko (Portfoliorisiko). Unter Diversifikation verstehen wir die Unterschiedlichkeit der im Portfolio enthaltenen ETFs beziehungsweise der weiteren enthaltenen Komponenten.

Grundsätzlich besteht ein ETF-Portfolio aus einem risikobehafteten und einem risikoarmen Anteil, die – je nach gewünschter Diversifikation – wiederum aus jeweils nur einem oder aber aus mehreren Elementen bestehen können. Über diese zwei Komponenten lässt sich das Risiko, das wir auf der Basis der Wertschwankungen beziehungsweise Volatilität definiert hatten, ziemlich gut einstellen.

Eine Erhöhung des risikoarmen Anteils geht im Allgemeinen mit einem Rückgang an Volatilität einher, allerdings auch mit einem Rückgang an zu erwartender Portfoliorendite. Der eher risikoscheue Anleger, der ungern starke Kurseinbrüche im Depot sehen möchte, wird den Anteil der risikoarmen Komponente höher gewichten. Der risikofreudige Investor, der sich auch von zwischenzeitlich heftigeren Buchverlusten nicht aus der Ruhe bringen lässt, wird hingegen den risikobehafteten Anteil übergewichten. Doch welche Gestaltungsmöglichkeiten ergeben sich hier konkret?

9.2 Der risikobehaftete Anteil

Der risikobehaftete Anteil eines passiven ETF-Portfolios ist der Teil, der die Rendite erwirtschaftet und letztlich zur Vermehrung des Investmentkapitals führt. Der Schwerpunkt wird hierbei durch global diversifizierte Aktien gebildet, denn sie bieten die langfristig höchsten Renditen von allen verfügbaren Assetklassen. Hinzu kommen in Form von weiteren ETFs eventuell Immobilien und Rohstoffe, die eine geringere, aber langfristig noch immer positive Durchschnittsrendite erzielen. Immobilien und Rohstoffe eignen sich zur besseren Risikostreuung, denn sie weisen tendenziell eine verringerte Korrelation zu den Aktienmärkten auf. Ob sie im eigenen Portfolio zum Einsatz kommen, hängt von der Zielsetzung des Investors ab, sowie vom verfügbaren Kapital. Hierzu später mehr.

Welche Einzelbestandteile kommen für den risikobehafteten Teil des Portfolios infrage? Grundsätzlich gilt: Je weniger Kapital verfügbar, desto weniger ETFs sollten in das eigene Depot wandern. Ist es irgendwann einmal deutlich angewachsen, so lassen sich sehr einfach weitere ETFs aufnehmen, um die Diversifikation beziehungsweise die Ausrichtung anzupassen.

Der größte Teil des Aktienanteils wird durch Aktien großer und mittlerer Unternehmen (sogenannte Large-Caps und

Mid-Caps) aus den entwickelten Märkten gestellt. Die entwickelten Märkte decken den Großteil der weltweiten Industrieländer ab, zu denen USA, Japan, die Euroländer und weitere zählen. Diese Aktien zeichnen sich durch ein moderates Risiko bei einer guten zu erwartenden Durchschnittsrendite aus. Zum Einsatz kommt hier etwa ein ETF auf den MSCI World, der genau dieses Marktsegment abdeckt. Gegebenenfalls können weitere ETFs hinzugenommen werden, um die bereits angesprochene starke Übergewichtung der USA im MSCI World zu reduzieren.

Wer etwas mehr Rendite bei etwas höherem Risiko in sein Depot einbringen möchte, der kann zusätzlich die kleineren Unternehmen (sogenannte Small-Caps) aus entwickelten Ländern mit einem ETF etwa auf den MSCI World Small Caps Index aufnehmen. Empfehlenswert ist ein Anteil von 10% bis maximal 25%.

Schwellenländeraktien können ebenfalls Bestandteil des risikobehafteten Portfolioanteils sein. Schwellenländer sind aufstrebende Länder (die sogenannten Emerging Markets), die sich durch ein teils sehr hohes Wirtschaftswachstum auszeichnen. Die Aktien der Unternehmen aus Schwellenländern sind gekennzeichnet durch ein deutlich erhöhtes Risiko auf der einen Seite, aber auch durch höhere Renditen auf der anderen Seite. Die reale Rendite des MSCI Emerging Markets Index liegt in den letzten 2 Jahrzehnten bei mehr als 11% und damit deutlich höher als die des MSCI World. Aufgrund des höheren Wertschwankungsrisikos sollte der Anteil der Schwellenländer etwa 30% des risikobehafteten Portfolioanteils nicht überschreiten. Empfehlenswert ist ein Anteil zwischen 10% und 25%.

Immobilien können in Form von REIT-ETFs in das Depot aufgenommen werden. Offene Immobilienfonds sollten aufgrund ihrer Nachteile nicht genutzt werden, wie weiter oben im Buch erläutert. REITs und REIT-ETFs weisen eine etwas geringere Korrelation zu den Aktienmärkten auf. Da REITs allerdings ebenfalls Aktien sind, werden sie – und natürlich auch die entsprechenden ETFs – in Bärenmärkten oder Crashphasen nicht von Kursverlusten verschont bleiben. Während der jüngsten Kursverluste infolge der Pandemie kamen viele REITs sogar besonders stark unter die Räder.

Der Anteil der Immobilien am risikobehafteten Portfoliobestandteil sollte 10% bis 15% nicht überschreiten, da die zu erwartenden Renditen unter denen der Aktienmärkte liegen und wir uns mit einem zu großen Immobilienanteil unsere Portfoliorendite reduzieren würden.

Rohstoffe bieten Vorteile im Hinblick auf die Diversifikation. Die Rohstoffpreise haben eine nur geringe Korrelation zu den Aktienmärkten, neigen aber dazu, mit der Inflation anzusteigen: Eine moderate Inflationsrate bedeutet im Allgemeinen steigende Rohstoffpreise. Die langfristigen Renditen liegen etwa auf Höhe der Large-Caps Aktienmarktrenditen. Interessant für ETFs sind etwa die Rohstoff-Indizes Goldman Sachs (GS) Commodity Index oder der bekanntere RICI-Index. Der Anteil breit gestreuter Rohstoffe am risikobehafteten Bestandteil des Depots sollte maximal 5% bis 10% groß sein. Einzelne Rohstoffe wie Öl oder Silber unterliegen tendenziell recht hohen Schwankungen, so dass man im ETF-Portfolio eher einen breit diversifizierten Rohstoff-ETF nutzen sollte.

Wer speziell in Gold oder Silber investieren möchte, sollte dies außerhalb des passiven ETF-Portfolios tun, und zwar am allerbesten durch den Kauf von Gold- oder Silberbarren beziehungsweise -münzen.

9.3 Der risikoarme Anteil

Der risikoarme Anteil des passiven ETF-Depots dient der Steuerung des Portfoliorisikos. In ihm kommen Assetklassen zum Einsatz, die keine oder allenfalls sehr geringe Wertschwankungen aufweisen. Er soll dementsprechend auch keine Rendite im Portfolio erzielen, sondern lediglich sicherstellen, dass das erwünschte maximale Wertschwankungsrisiko im Portfolio nicht überschritten wird. Je höher der risikoarme Anteil, desto geringer sind die zu erwartenden Wertschwankungen im Portfolio, sowie entsprechend umgekehrt. Ein risikoscheuer Investor wählt eine Gewichtung von mehr als 50% an risikoarmen Investments, ein eher risikofreudiger hingegen eine von unter 50%. Wenn Sie Einsteiger sind, dann wählen Sie das Portfoliorisiko zu Beginn am besten nicht zu hoch, sondern halten Sie investierbare Beträge teilweise zurück. Wenn Sie sich nach einiger Zeit sicher fühlen, können Sie die Gewichtung jederzeit schnell anpassen. Ein guter Start ist ein Verhältnis von risikoarmem zu risikobehaftetem Anteil von 60 zu 40 oder sogar 70 zu 30.

Für den risikoarmen Portfolioanteil können kurzlaufende Staatsanleihen höchster Bonität mit einer Laufzeit von maximal 3 Jahren genutzt werden, aber auch Sparguthaben innerhalb der gesetzlichen Einlagensicherung, Festgelder, Tagesgelder oder Bundesschatzbriefe. Kurz: Alle Anlageformen, die keine oder kaum Wertschwankungen aufweisen können.

Aus Einfachheitsgründen verwenden die meisten passiven ETF-Investoren hier Tagesgeldkonten oder kurzlaufende Staatsanleihen. Tagesgeld hat den Nachteil, dass es nicht im Wertpapierdepot verbucht ist, und so nicht unbedingt als fester Bestandteil des passiven ETF-Portfolios wahrgenommen wird. Daher ist eventuell die Versuchung groß, Mittel aus dem Tagesgeldkonto abzuziehen, um es für Nachkäufe von risikobehafteten Assets zu nutzen oder eben anderweitigen Zwecken zuzuführen. Dies sollten Sie nicht tun. Das Risiko durch das ETF-Portfolio, das auf Ihr Gesamtvermögen – also auf sämtliche Vermögensgüter, die Sie besitzen - wirkt, ist nur dann fest eingestellt, wenn der risikoarme Teil des Investments vollständig bestehen bleibt. Ziehen Sie hier Beträge ab, so erhöht sich der Einfluss, den der risikobehaftete Teil des Portfolios auf Ihr gesamtes Vermögen ausübt.

Kurzlaufende Staatsanleihen eignen sich insofern besser als Tagesgeld, weil sie – da sie über normale ETFs in das Portfolio wandern – im Wertpapierdepot gutgeschrieben werden. Sie werden daher klar als Bestandteil dessen wahrgenommen, und die Versuchung, Beträge abzuzweigen, ist deutlich reduziert. Nachteilig ist, dass heutzutage kurzlaufende Staatsanleihen keine oder sogar eine negative Rendite einbringen. Dies war bis vor einigen Jahren nicht so. Wer solche Assets nutzt, der zahlt also sozusagen einen geringen Betrag „obendrauf", anstatt eine Verzinsung auf sein investiertes Kapital zu erhalten. Aktuell rentieren deutsche Staatsanleihen mit einer Laufzeit von drei Jahren mit -0,8%. Selbst die zehnjährigen Alternativen erzielen derzeit eine Rendite von -0,4%.

ETFs mit länger laufenden Staatsanleihen oder mit solchen von Staaten mit geringerer Bonität sollten aufgrund der damit einhergehenden Unsicherheiten nicht Bestandteil des risikoarmen Portfolioteils sein. Diese Anleihen haben ein teils deutlich höheres Zinsanhebungs- beziehungsweise Ausfallrisiko, auch wenn die Renditen dort noch positiv oder stellenweise sogar sehr attraktiv erscheinen mögen.

Vergessen Sie nicht: Der risikoarme Teil des Portfolios hat nicht die Aufgabe, Rendite zu erwirtschaften, sondern er soll das Portfoliorisiko einstellen. Wer meint, etwa in Staatsanleihen von Schwellenländern investieren zu müssen - was grundsätzlich durchaus eine akzeptable Investmentidee sein kann -, der sollte dies innerhalb des risikobehafteten Anteils im Portfolio tun und dort gegebenenfalls den Aktienanteil entsprechend reduzieren.

Neben den beschriebenen Staatsanleihen kommen auch sogenannte inflationsindexierte oder auch inflationsgeschützte Staatsanleihen für den risikoarmen Portfolioanteil infrage. Bei diesen Produkten ist die Rendite an die Inflation gekoppelt: Mit steigender Inflation steigt auch die Rendite. In Zeiten geringer Inflation gibt es nur eine spärliche Rendite. Deutliche Vorteile ergeben sich hingegen, wenn die Geldentwertung spürbar zulegt.

Während inflationsindexierte Anleihen etwa in Frankreich sehr beliebt sind, handelt es sich in Deutschland noch eher um ein unbekanntes Nischenprodukt. Wer Befürchtungen im Hinblick auf eine ausufernde Inflation hat, die derzeit nicht gänzlich unbegründet sind, der kann inflationsgeschützte Staatsanleihen als Alternative in Betracht ziehen. Hier darf die Laufzeit der entsprechenden Anleihen dann mit fünf bis zehn Jahren auch etwas länger sein.

Zu bedenken ist allerdings, dass der Inflationsschutz nicht zwingend greift, da die Inflation nicht exakt berechnet werden kann. Beispielsweise kann es passieren, dass sich die Lebensmittel stark verteuern, aber die Rohstoffpreise – allen voran die Ölpreise – eher sinken. Letztere haben jedoch in dem Korb, der zur Berechnung der Inflation herangezogen wird, eine vergleichsweise hohe Gewichtung. Die berechnete Inflation stagniert also unter Umständen, während die Konsumgüterpreise stark ansteigen. Die Renditen der inflationsgeschützten Anleihen stagnieren dann entsprechend ebenfalls.

10 ETFs richtig auswählen

Nachdem wir uns mit den Grundlagen von Fonds und ETFs beschäftigt und uns mit den wesentlichen Details zum Aufbau einer eigenen ETF-Anlagestrategie auseinandergesetzt haben, geht es nun um die Frage, wie wir konkrete ETFs für unser passives ETF-Portfolio finden können. Hierzu schauen wir uns nachfolgend die entsprechenden Auswahlkriterien im Detail an. Nach dem Lesen des Kapitels sollten Sie in der Lage sein, in der Fülle der angebotenen Produkte die für Ihre Anforderungen passenden zu finden.

10.1 Die Namensbildung von ETFs

Schauen Sie sich die folgenden zwei ETF-Bezeichnungen einmal an:

Xtrackers MSCI Europe UCITS ETF 1C oder

iShares Core MSCI World UCITS ETF USD (Acc).

Die zeilenlangen ETF-Namen wirken auf den ersten Blick etwas verwirrend. Jedoch kann man aus der ETF-Bezeichnung bereits eine ganze Menge an Informationen herauslesen. Die Logik dahinter ist recht einfach, wenn auch verschiedene Anbieter teilweise etwas unterschiedliche Bezeichnungen verwenden.

Grundsätzlich besteht der Name eines ETFs aus fünf Elementen: Aus dem Namen des ETF-Anbieters beziehungsweise der Fondsgesellschaft, aus dem Namen des replizierten Index, aus dem Hinweis, ob es sich um einen ETF oder vielleicht um ein anderes Produkt (ETC etc.) handelt, aus regulatorischen Hinweisen sowie aus weiterführenden Hinweisen zum Anteilschein. Schauen wir uns die zwei oben genannten Beispiele an:

Xtrackers MSCI Europe UCITS ETF 1C:

Der Anbieter Xtrackers bietet hier einen ETF auf den MSCI Europe Index. Dahinter folgt die Art des Produktes: ETF. Der ETF entspricht den UCITS-Richtlinien. Der Buchstabe C zum Schluss zeigt an, dass es sich um ein thesaurierendes Produkt handelt.

iShares Core MSCI World UCITS ETF USD (Acc):

Der Anbieter des ETFs ist in diesem Falle iShares. Core beschreibt eine Produktsparte von iShares, die besonders populäre und kostengünstige ETFs enthält. Der replizierte Index ist der MSCI World Index. Dahinter folgt die Art des Produktes: ETF. Auch dieser ETF entspricht den UCITS-Richtlinien. Die Handelswährung ist der US-Dollar (USD), und es handelt sich um einen thesaurierenden ETF (acc steht hier für „accumulating").

Einige Anbieter, wie iShares, nutzen – wie im Beispiel angegeben – die Begriffe „Core" oder auch „Prime" im ETF-Namen, um ihre Top-Produkte in den Vordergrund zu stellen, die sich aufgrund der besonders günstigen Gebühren oder anderer Merkmale am besten verkaufen. Dennoch lohnt sich unter Umständen ein Vergleich alternativer Produkte.

Verwechslungsgefahr: Weiterhin gibt es auch einige Indexnamen, die die Begriffe „Core" und „prime" verwenden. Beispielhaft genannt sei an dieser Stelle der MSCI USA Prime Value Index. Hier hat der Term keine auf das ETF-Produkt bezogene Aussagekraft.

Die UCITS-Richtlinien sind ein Set an Qualitätsvorgaben und Standards, das von der EU vorgegeben wird. Sie dienen dem Schutz der Anleger und erhöhen die Transparenz und Qualität der ETF-Produkte. Die Bezeichnung steht für die sehr sperrige Formulierung „Undertakings for Collective Investments in Transferable Securities". Da die UCITS-Richtlinien für ein hohes Maß an Verlässlichkeit und auch Sicherheit im Hinblick auf einen ETF sorgen, sind Produkte, die diese erfüllen, bei Investoren entsprechend beliebt. Auf der anderen Seite bemühen sich die ETF-Anbieter dementsprechend auch, die Vorgaben zu erfüllen, um das Qualitätsmerkmal mit im ETF-Namen aufnehmen zu können.

Enthalten in den UCITS-Richtlinien sind Vorgaben bezüglich der Nutzung von Derivaten durch den ETF (die etwa zum Hedging verwendet werden), zur Liquiditätsreserve des ETFs, zu Emittentenrisiken sowie insgesamt zur Transparenz gegenüber den Investoren. Auch wird ein Mindestmaß an Diversifikation gefordert.

Die Bezeichnung „ETF" im ETF-Namen erscheint trivial. Allerdings gibt es ja auch noch ETCs und (die im Buch nicht weiter behandelten) ETNs. ETCs und ETNs können grundsätzlich nicht UCITS-konform sein, da es sich bei diesen Konstrukten nicht um Fonds handelt, sondern um Inhaberschuldverschreibungen.

Die in der Bezeichnung des ETFs oft angegebene Währung zeigt meist die Handelswährung an. Während etwa an der elektronischen Börse Xetra prinzipiell nur in Euro gehandelt wird, bieten andere Börsen den Handel in anderen Währungen an. Mit der angegebenen Währung erhält der Investor allerdings weitergehende Hinweise dazu, ob er mit dem ETF prinzipiell ein Fremdwährungsrisiko eingeht.

In einigen Fällen steht der Term „hedged" hinter der Währungsangabe (Beispiel: EUR-hedged oder ähnlich). Dies bedeutet, dass der etwa in US-Dollar notierende ETF im Hinblick auf Währungsschwankungen gegenüber dem Euro abgesichert ist. Das Fremdwährungsrisiko ist hierdurch für den in einem der Euroländer ansässigen Investor ausgeschlossen. Umgesetzt wird die Währungsabsicherung meist über Derivate.

Die Angabe Dist - oder auch Dis, D - steht für „ausschüttend“ (engl. „distributing“) und bezeichnet ausschüttende ETFs. Die Angabe C - oder auch Acc - steht für „thesaurierend“ (engl. „accumulating“). Da es für diese Bezeichnungen keine Norm gibt, nutzen unterschiedliche Anbieter auch unterschiedliche Angaben.

Wenn ein ETF-Name Terme wie „2x“, „3x“ oder „leveraged“ enthält, so handelt es sich um einen gehebelten ETF. Hier heißt es Aufpassen, denn solche Produkte sind aufgrund ihres sehr stark erhöhten Risikos und ihrer Pfadabhängigkeit für den Vermögensaufbau mit einem passiven ETF-Portfolio nicht geeignet, wie weiter oben im Buch beschrieben wurde.

Der Term „Short“ kann für einen inversen ETF stehen, der ebenfalls nicht für passive ETF-Depots geeignet ist. Hier kommt es ein wenig auf den Kontext an, denn einige Anleihen-ETFs nutzen das Wort im Namen, um auf die Laufzeit der enthaltenen Anleihen hinzuweisen: „short“ bezeichnen in diesem Falle schlicht kurzlaufende Anleihen.

10.2 Die Wertpapierkennnummer

Jeder ETF besitzt eine internationale Wertpapierkennnummer, mit der er eindeutig identifizierbar ist. Diese sogenannte International Securities Identification Number (ISIN) besteht aus einer Kombination von zwölf Zahlen und Buchstaben, wobei die ersten zwei Buchstaben dem Ländercode- oder Regionscode der Region entsprechen, welche die ISIN für das Wertpapier herausgegeben hat. Merke: Das Länderkürzel sagt also nichts über die Region aus, in welche der ETF investiert.

Das deutsche Äquivalent zur ISIN ist die WKN, die deutsche Wertpapierkennnummer, welche aus sechs Zahlen und Buchstaben besteht und zu allen an deutschen Börsen gehandelten Wertpapieren existiert.

Möchte ein Investor einen ETF erwerben, so muss er die ISIN oder die WKN in der Kauforder angeben.

10.3 Das Fondsvolumen

Das Fondsvolumen ist ein wichtiges Auswahlkriterium. Hierunter lässt sich die Kapitalisierung eines ETFs verstehen, das Geld also, das alle Investoren in Summe in ihn investiert haben und das dem ETF für Investments zur Verfügung steht.

Ist das Kapital, das der ETF zur Verfügung hat, zu gering, so besteht grundsätzlich die Gefahr, dass die Fondsgesellschaft ihn früher oder später auflöst, weil er unwirtschaftlich geworden ist. Sie verdient in diesem Fall zu wenig an laufenden Gebühren, so dass sie entscheidet, ihn aus dem Angebot zu entfernen. Der Anleger erhält im Falle der Auflösung natürlich sein eingelegtes Kapital zurück, muss sich aber eine Alternative suchen, um sein Depot erneut zu bestücken.

Das Fondsvolumen der unterschiedlichen Produkte variiert sehr stark. Den ersten Platz der Fonds mit dem größten Volumen hält einer der ältesten ETFs, nämlich der SPDR S&P 500 ETF, der berühmte Spider (SPY). Er besitzt ein Fondsvolumen von aktuell etwa 252 Milliarden US-Dollar. Er ist bei Investoren und Tradern rund um die Welt ausgesprochen beliebt und wird dementsprechend gern genutzt. Leider ist der Spider für Investoren innerhalb der EU nicht mehr ohne Umstände verfügbar, der MiFID II-Richtlinie sei Dank.

Tipp: Wer über ein Optionskonto verfügt, der kann diesen ETF über eine sogenannte Put-Option weiterhin ganz normal erwerben. Für den Einsteiger ist dies aber ausdrücklich nicht zu empfehlen, da der Umgang mit Optionen viel Wissen und ein sehr hohes Verständnis der Materie verlangt. Zum Glück gibt es ausreichend viele alternative ETFs, die den S&P500 Index replizieren, und die auch innerhalb der EU genutzt werden können.

Neben den hochkapitalisierten Produkten gibt es auch ETFs mit einem Fondsvolumen von nur wenigen Millionen Euro beziehungsweise US-Dollar. Meist sind dies Nischenprodukte, die ein enges, sehr spezifisches Marktsegment abdecken, oder ganz neu aufgelegte Fonds. ETFs mit derart geringen Volumina sollte man grundsätzlich meiden. Als Faustregel lässt sich sagen, dass ein ETF, der in das eigene Depot wandern soll, mindestens ein Fondsvolumen von etwa 100 Millionen Euro beziehungsweise US-Dollar aufweisen soll. Ab dieser Größenordnung ist die Gefahr einer zwischenzeitlichen Liquidierung als eher gering einzuschätzen. Dies gilt besonders auch für schlechte Börsenzeiten, in denen viele Investoren ihr Kapital lieber aus den Märkten abziehen wollen, und der ETF entsprechend Kapitalisierung verliert.

10.4 Die Gesamtkostenquote

Die Gesamtkostenquote, oder TER (Total Expense Ratio), wird in den Verkaufsinformationen des ETFs angegeben. Sie umfasst alle pauschalen Gebühren, die für Vertrieb, Management und Aufbewahrung der vom ETF gekauften Aktien anfallen. Die TER bietet einen guten Anhalt bezüglich der laufenden Kosten, die ein ETF verursacht und die an den Investor weitergegeben werden. Sie beträgt im Allgemeinen zwischen 0,2% und 1%. Es gibt auch ETFs mit etwas höherer TER. Hierunter fallen natürlich etwa aktiv gemanagte ETFs.

Synthetisch replizierende ETFs zeichnen sich meist durch eine etwas geringere TER aus, beispielsweise weil sie keine Verwahrkosten haben. Allerdings sind in der TER eben nicht alle Kosten enthalten. Swap-Gebühren und andere variable Kostenfaktoren werden in ihr nicht mit angegeben. Ein besseres und genaueres Bild liefert daher der Blick auf die Tracking-Differenz. Die wiederum wird allerdings nicht von allen Anbietern transparent kommuniziert.

Die Gesamtkostenquote TER wird durch die Fondsgesellschaft in regelmäßigen Abständen vom Fondsvolumen abgezogen. Meist erfolgt dies quartalsweise oder halbjährig. Bei der Auswahl eines Produktes ist stets darauf zu achten, dass die TER möglichst gering ist. Bei langen

Investitionsdauern macht es effektiv schon einen deutlichen Unterschied beim Ergebnis, ob ich ein Produkt mit 0,2% TER nutze, oder eines mit 0,7% - sofern die anderen Kriterien gleich sind.

Auch wenn die TER sehr hilfreich ist, um ETFs kostenbezogen miteinander zu vergleichen: Deutlich besser als mit der TER lassen sich die Kosten eines ETFs mittels der Tracking-Differenz angeben.

10.5 Die Tracking-Differenz

Die Tracking-Differenz, manchmal abgekürzt mit TD, ist das Maß für die Abweichung der ETF-Performance von der Index-Performance auf Jahressicht. Sie gibt die tatsächlichen Kosten eines ETFs an, indem sie aufzeigt, wie hoch letztlich der Renditeunterschied zwischen dem ETF und dem replizierten Index ist.

Grundsätzlich gilt: Je kleiner die Tracking-Differenz, desto besser gelingt es dem ETF, den Index nachzubilden und desto geringer sind folglich auch die tatsächlichen Kosten des Produktes.

Bei physisch replizierenden ETFs, besonders bei solchen, die optimiertes Sampling nutzen, kann es tendenziell zu einer etwas höheren TD kommen. Der Index wird schließlich nur teilweise nachgebildet, so dass gewisse

Abweichungen unvermeidlich sind. Je besser das Replikationsverfahren, desto geringer die TD.

Synthetisch replizierende ETFs haben es hier etwas leichter, denn über die Swap-Geschäfte lässt sich eine nahezu exakte Indexreplikation deutlich flexibler umsetzen. Wie bereits beschrieben, muss die genaue Performancedifferenz von den Swap-Partnern geliefert werden. Zusammen mit gewissen anderen Techniken und günstigen Bedingungen - beispielsweise bei der Swap-Finanzierung oder beim Marktzugang - kann dies so weit getrieben werden, dass ein ETF in einem bestimmten Zeitraum sogar eine negative Tracking-Differenz aufweist: Er hat in diesem Falle – trotz der angefallenen Kosten – eine bessere Rendite geliefert als der Index.

Grundsätzlich ist es so, dass die Tracking-Differenz immer nur im Nachhinein berechnet werden kann, da die anfallenden variablen Kosten nicht vollständig im Vorhinein bekannt sind. Einige Anbieter geben allerdings zur TD die Historie der letzten Jahre, sowie einen Prognosewert an, so dass der Investor sich in recht gutes Bild von der Qualität des ETFs machen kann.

10.6 Die Wahl des Anbieters

Im Markt für börsengehandelte Fonds und Indexfonds gibt es inzwischen eine große Menge der unterschiedlichsten Anbieter. Grundsätzlich ist die Wahl einer bestimmten Fondsgesellschaft zuerst einmal davon abhängig, ob ihre Produkte beim eigenen Broker gehandelt werden können. Ist dies nämlich nicht so, so steht entweder ein Brokerwechsel an oder der Investor muss auf andere Produkte ausweichen.

Nachfolgend werden einige der großen und renommierten Fondsgesellschaften vorgestellt, die ich selbst für langfristige ETF-Anlagen nutzt und mit welchen ich persönlich bislang gute Erfahrungen gemacht habe. Die ETFs dieser Anbieter erfüllen die MiFID II – Kriterien, so dass es beim Kauf innerhalb der EU keine Probleme gibt.

10.6.1 iShares

iShares ist die ETF-Sparte von BlackRock, dem größten Vermögensverwalter der Welt. BlackRock wurde 1988 in New York gegründet und verwaltet derzeit insgesamt ein Vermögen von etwa 7,4 Billionen US-Dollar. Das Unternehmen ist in der letzten Zeit im Zusammenhang mit seiner Rolle im Cum-Ex Skandal öffentlich in die Kritik geraten. Zudem wird gern kritisiert, dass BlackRock aufgrund seiner gigantischen Größe und seiner marktbeherrschenden Stellung prinzipiell in der Lage ist, politischen Einfluss auszuüben.

Lässt man diese Kritikpunkte außen vor, so handelt es sich für den ETF-Anleger um ein solides und sehr zuverlässiges Unternehmen, bei welchem man davon ausgehen kann, dass das eigene Kapital gut aufgehoben ist.

iShares gehört zu den größten in Europa aktiven Fondsanbietern und wurde im Jahr 2019 in der Sparte „Fairster ETF-Anbieter" zusammen mit Xtrackers und BNP Paribas vom Deutschen Institut für Servicequalität ausgezeichnet.

Das ausgesprochen breite Angebot umfasst aktuell 435 ETFs und mehr als 200 Indexfonds mit ausreichend hoher, teil sehr hoher Liquidität. Tipp: Auf der Website des Unternehmens finden sich sehr detaillierte Produktinformationen, die von Umfang und Übersichtlichkeit her bei vielen Wettbewerbern nicht in dieser Qualität zu finden sind.

Neben dem sehr breiten Angebot an Produkten zeichnen sich iShares-ETFs durch vergleichsweise geringe Gesamtkostensätze aus. Die Top-Seller der BlackRock-Tochtergesellschaft werden gern mit dem Zusatz „Core" betitelt. Diese ETFs gehören zu den beliebtesten Produkten bei den Anlegern und haben besonders günstige Gebühren.

Wer einen ETF auf den MSCI World in das eigene Portfolio legen möchte, der könnte sich den iShares Core MSCI World UCITS ETF USD (Acc) (ISIN IE00B4L5Y983, WKN A0RPWH) einmal genauer anschauen. Die Gesamtkostenquote dieses physisch replizierenden, thesaurierenden ETFs beträgt nur 0,2%, das Fondsvolumen beläuft sich derzeit auf mehr als 24 Milliarden US-Dollar.

iShares Produkte sind bei den meisten deutschen und europäischen Brokern auch zur Verwendung innerhalb eines ETF-Sparplans verfügbar.

10.6.2 Vanguard

Der ebenfalls in den Vereinigten Staaten ansässige Finanzdienstleister Vanguard wurde 1975 gegründet, und zwar von keinem Geringeren als John Bogle, der mit seinem neu gegründeten Unternehmen schließlich zum Pionier des passiven Index Investings avancierte. Vanguard verwaltet weltweit ein Vermögen von 6,2 Billionen US-Dollar und bietet mehr als 230 Fonds außerhalb der USA an. Man sieht, dass der Unterschied zu BlackRock beim verwalteten Kapital gar nicht mal so groß ist.

In Deutschland ist die Fondsgesellschaft erst vor kurzem angekommen. Im Oktober 2017 gab es eine Pressemitteilung der Deutschen Börse, in welcher Vanguard als neuer ETF-Emittent vorgestellt wurde.

Vanguard bietet ein vergleichsweise kleines, aber gut ausgesuchtes Angebot an ETFs. Einen börsengehandelten Fonds auf den MSCI World sucht man bei Vanguard allerdings vergebens, denn das Unternehmen setzt – unter anderem aus Gründen günstigerer Lizenzen – auf die FTSE-Indizes.

Flagschiff ist der Vanguard FTSE All-World UCITS ETF, den es als ausschüttende (ISIN: IE00B3RBWM25, WKN: A1JX52), aber auch als thesaurierende Variante (ISIN: IE00BK5BQT80, WKN: A2PKXG) gibt. Die TER beträgt hier 0,22%, das Fondsvolumen beträgt 5,6 Milliarden US-Dollar. Als Alternative zu einem MSCI World ETF im risikobehafteten Anteil des eigenen ETF-Portfolio ist dieser ETF unbedingt einen Blick wert.

10.6.3 Lyxor

Lyxor ETF ist eine Tochtergesellschaft der französischen Bank Société Générale, die bereits seit 2001 im - damals noch sehr kleinen und unpopulären - ETF-Markt aktiv ist. Im Zuge der Übernahme des zuvor der Commerzbank zugehörigen ETF-Anbieters ComStage gründete Lyxor unter dem Namen Lyxor Deutschland eine Niederlassung in Frankfurt am Main. (ComStage ETFs sind daher inzwischen auf der Website von Lyxor zu finden.)

Nach verwaltetem Vermögen ist das Unternehmen der drittgrößte Anbieter von börsengehandelten Fonds in Europa. Durch die Akquise von ComStage erweiterte sich das ohnehin recht ansehnliche Angebot an ETFs auf inzwischen mehr als 300 Produkte. Neben vielen Standardprodukten versucht sich Lyxor an innovativen Produkten. Smart-Beta ETFs und der Lyxor Green Bond ETF (ISIN: LU1563454310, WKN: LYX0WA) seien an dieser Stelle beispielhaft genannt.

Die Standardprodukte zeichnen sich durch recht günstige Gebührensätze und hohe Fondsvolumina aus. Speziell ComStage-ETFs sind häufig synthetisch replizierende ETFs. Viele Lyxor- und ComStage-Produkte sind bei den meisten in Deutschland aktiven Brokern innerhalb von Sparplänen verfügbar.

10.6.4 Xtrackers

Xtrackers rangiert nach Angaben des Unternehmens nach iShares auf Platz 2 in der Liste der größten ETF-Anbieter im europäischen Raum. Die Tochter der DWS Group, welche wiederum eine Tochtergesellschaft der Deutschen Bank ist, emittiert derzeit rund 170 ETFs zu unterschiedlichen Anlageklassen und verwaltete Ende 2019 ein Investorenvermögen von etwas mehr als 100 Milliarden Euro. Neben einer großen Zahl an Aktien-, Rohstoff- und Anleihen-ETFs bietet Xtrackers auch eine Reihe an sogenannten Smart-Beta ETFs, sowie währungsgesicherte Produkte an. Besonders die Top-Produkte aus der Sparte der Aktien- und Anleihen-ETFs zeichnen sich durch sehr hohe Fondsvolumina im Bereich von mehreren Milliarden Euro aus.

Als einer von drei ETF-Anbietern wurde Xtrackers 2019 vom Deutschen Institut für Servicequalität mit dem Titel „Fairster ETF-Anbieter" ausgezeichnet.

Xtrackers hat bei seinen ETFs bis vor einiger Zeit überwiegend auf synthetische Replikation gesetzt. Dies ist inzwischen nicht mehr so. Ein großer Teil der emittierten Produkte repliziert inzwischen physisch, und dies dennoch zu vergleichsweise günstigen Gesamtkostenquoten.

10.7 Sparplanfähigkeit

ETF-Sparpläne werden nach wie vor immer beliebter. Mit ihnen lässt sich auf ausgesprochen bequeme Art und Weise und auf regelmäßiger Basis Geld investieren und Vermögen aufbauen.

Nicht alle ETFs von allen Anbietern sind jedoch für Sparpläne verfügbar. Wer also auf Sparpläne setzen möchte, der sollte sich bei seinem Broker informieren, ob er die von ihm bevorzugten ETFs überhaupt auf diese Weise besparen kann. Ist dies nicht so, so bleibt nur der Brokerwechsel oder die Wahl alternativer Produkte. Auswahlmöglichkeiten gibt es meist ausreichend, sofern der Investor nicht zu Spezialprodukten greifen möchte.

Die meisten Broker bieten Sparpläne mit Produkten der größten ETF-Anbieter: iShares, Lyxor / ComStage, Xtrackers. Auch für Produkte des im deutschen Raum recht neuen, aber sehr vielversprechenden Anbieters Vanguard sind inzwischen oft bereits Sparpläne verfügbar.

10.8 Die ETF-Währung

Viele europäische Investoren legen Wert darauf, dass ihre ETFs in Euro notieren anstatt beispielsweise in US-Dollar. Sie fürchten Währungsrisiken. Kursschwankungen bei den einzelnen Währungen wirken aber – wie bereits dargelegt – auf die lange Frist betrachtet nahezu wertneutral: Sie schwanken gemäß der volkswirtschaftlich fundierten Kaufkraftparitätentheorie um einen Mittelwert, die sogenannte Kaufkraftparität. In manchen Zeiten steigt der US-Dollar, in anderen fällt er gegenüber dem Euro.

In der kurzen Frist hat die ETF-Währung hingegen schon einen Einfluss, allerdings eher einen kosmetischen: Die in Ihrem Depot angezeigte Wertentwicklung des ETFs wird –

je nach ETF-Währung – anders ausfallen, da hier selbstverständlich eine Umrechnung zum aktuellen Wechselkurs stattfindet. Ein ETF, der in US-Dollar notiert, wird in Ihrem Depot (meist) in Euro angezeigt, beziehungsweise in der Währung, in welcher Ihr Depot geführt wird.

Manche ETFs gibt es als Euro-basierte Version und auch als Dollar-basierte Version. Nun kann es durch kurz- oder mittelfristige Währungsschwankungen dazu kommen, dass der in Euro notierende ETF in einem bestimmten Zeitraum deutlich zulegt, während seine in US-Dollar notierende Variante nur leicht ansteigt. Dies hat für den langfristig orientierten Anleger aus den genannten Gründen allerdings kaum Relevanz. Einerseits ist die Notierung nichts weiter als eine Art Anzeigeproblem. Die im ETF enthaltenen Aktien sind real in dem einen ETF ja nicht weniger Wert als in dem anderen. Andererseits gleichen sich währungsbedingte Schwankungen auf die lange Frist eben früher oder später wieder aus.

Wer Währungsschwankungen grundsätzlich ausschließen möchte, kann sogenannte währungsgesicherte ETFs nutzen. Diese haben zumeist im ETF-Namen den Zusatz „Eur-hedged" oder ähnlich, wobei die entsprechende Heimatwährung angegeben wird, die gegen Kursschwankungen im Währungspaar abgesichert ist. Diese ETFs verwenden einen kleinen Teil ihres Fondskapitals für Absicherungsmaßnahmen über Derivate, um Währungsschwankungen entsprechend zu kompensieren.

Xtrackers etwa bietet eine ganze Reihe an ETFs auf beliebte Indizes mit Währungsabsicherung an.

10.9 Replikation und Ertragsverwendung

Die gängigen Formen der Replikation und die Arten der Ertragsverwendung wurden bereits besprochen. Was die Auswahl eines konkreten ETFs angeht, so spielt hier die Strategie des Investors die entscheidende Rolle sowie seine persönliche Sicht auf die vorhandenen Risiken.

In Bezug auf die Ertragsverwendung, die Frage also, ob ein ausschüttender oder ein thesaurierender ETF zu bevorzugen ist, gilt: Ist der Investor auf ein regelmäßiges Einkommen angewiesen oder möchte er einfach gern Bargeld auf dem Konto eingehen sehen, so greift er eher zu ausschüttenden ETFs. Die Wiederanlage der Erträge muss - falls gewünscht – in diesem Falle von Hand erfolgen. Die meisten großen ETF-Anbieter geben zumindest ihre größten und beliebtesten Produkte in beiden Ausschüttungsvarianten heraus. Viele REIT-ETFs gibt es hingegen nur als ausschüttende Variante.

Was das Replikationsverfahren angeht, so verwenden viele Anleger lieber physisch replizierende ETFs, weil sie so dem möglichen Kontrahentenrisiko aus dem Weg gehen. Dies erkaufen sie in der Regel mit einer etwas höheren TER. Ein guter Kompromiss liegt für mich persönlich in der Optimized Sampling-Replikationsmethode, bei welcher der ETF zwar physisch repliziert, aber nicht alle Aktien des Index kauft, sondern nur ein optimiertes Portfolio. Hier fallen tendenziell etwas geringere Gebühren an als bei vollständiger physischer Replikation, während die Nachteile von Swap-Geschäften entfallen. Nachteilig ist bei solchen Produkten wiederum eine oft etwas höhere Tracking-Differenz. Es lohnt sich ein Abwägen, je nach Präferenzen des Investors.

Wer synthetisch replizierende ETFs verwenden möchte, der sollte sich die genutzten Absicherungsmaßnahmen ansehen, die das Kontrahentenrisiko verringern oder sogar auszuschalten sollen. Viele Fondsanbieter haben hier in den letzten Jahren deutlich nachgearbeitet, um den Kunden mehr Sicherheit bieten zu können. Informationen hierzu lassen sich dem Fondsprospekt oder den entsprechenden Websites entnehmen.

10.10 Kursverlauf

Viele Anleger achten genau auf die Kursentwicklung eines ETFs, in der Hoffnung, einen guten Kaufzeitpunkt zu erwischen. Ist das sinnvoll? Wie wichtig ist der Kursverlauf eines ETFs für den langfristigen Investor? Wann ist der beste Zeitpunkt für einen Einstieg?

Besonders die letzte Frage tritt sehr oft auf, und sie wird täglich von unterschiedlichsten Akteuren mehr oder weniger umfassend beantwortet: Von Journalisten vom Handelsblatt, über den Spiegel bis hin zur Bildzeitung (falls Aktien gerade angesagt sind), von Börsenexperten, Crashpropheten und unzähligen weiteren Kennern und Nicht-Kennern findet man nahezu auf täglicher Basis ausreichend Einschätzungen dazu, ob und warum der Einstieg gerade jetzt lohnt oder eben nicht. Als langfristig orientierter ETF-Anleger macht hier nur eine Reaktion wirklich Sinn: Weghören, Abschalten, Ignorieren.

Die kurze Antwort im Hinblick auf ein passives ETF-Portfolio ist nämlich sehr einfach: Kursverlauf und Einstiegszeitpunkt spielen auf die lange Frist keine tragende Rolle.

In der Tat ist es so, dass es natürlich einen Unterschied macht, ob ich einen ETF zufällig an einem Tiefpunkt gekauft habe oder an einem Hochpunkt, kurz bevor die Börsenmärkte einzubrechen beginnen. Fällt der Markt nach dem Kauf, so verbuche ich einen Buchverlust, steigt der Markt, so verbuche ich einen Buchgewinn. Je länger der Anlagezeitraum eines Investments allerdings ist, so geringer wirkt sich dies auf das Endergebnis des Investments auf. Gerd Kommer hat in seinem Buch „Souverän investieren" ermittelt, dass der Einfluss des Einstiegszeitpunktes auf die Performance mit der Länge des Anlagezeitraums stark abnimmt, allerdings bei realistischen Anlagezeiträumen von unter 40 Jahren niemals vollständig verschwindet.

Der verbleibende Rest an Einfluss ist allerdings von sehr geringem Ausmaß und wird durch eine (sowieso angestrebte) Streuung über verschiedene Assets beziehungsweise Assetklassen im Portfolio weiter reduziert. Als passiver Investor darf man den Einstiegszeitpunkt und die Kursentwicklung daher vernachlässigen.

Der Kursverlauf findet lediglich im direkten Vergleich mit dem vom ETF replizierten Index Beachtung. Hier lässt sich nämlich recht einfach erkennen, wie gut die Indexnachbildung gelingt. Man erhält zumindest einen qualitativen Anhalt für die Tracking-Differenz. Fiel der ETF in Krisenzeiten sehr viel stärker als der Index, so kann dies eventuell auf eine schlechte Replikation hindeuten. Steigt er in Aufwärtsphasen sehr viel stärker, so deutet dies unter Umständen ebenfalls auf eine schlechte Replikation beziehungsweise Konzeption des ETFs hin. Das Wort „sehr" ist an dieser Stelle relevant. Geringe Unterschiede nach unten und nach oben sind durchaus in Ordnung und auch normal, wie gezeigt wurde. Auch eine geringe Outperformance ist als in Ordnung zu betrachten und kommt dem Investor natürlich entgegen. Denn ein ETF hat – etwa durch Wertpapierverleih oder weitere Maßnahmen – durchaus die Möglichkeit, für eine gewisse Zeit und in gewissen

Grenzen den replizierten Index zu „schlagen“ und ein besseres Ergebnis zu liefern.

Bei einer deutlich besseren Performance sollte man allerdings genauer hinsehen, sofern es sich laut Fondsprospekt um einen passiven Index-ETF handelt. Hier läuft dann nämlich möglicherweise etwas falsch, und es ist möglich, dass dies in der nächsten Krise zu einer deutlich schlechteren Performance führt als der Index vorgibt.

Aber lässt sich – eine ebenfalls häufige Frage – ein anstehender Kursverfall nicht vorab erkennen, so dass man eventuell aus dem Investment aussteigen kann, bevor die Kurse zu sinken beginnen? Nun, genau genommen müssten wir hierzu Informationen über die zukünftige Entwicklung der Märkte haben. Da wir langfristig orientierte Investoren diese nicht haben – und mangels hellseherischer Glaskugel auch nicht haben können -, sind uns im Grunde die Hände gebunden.

Es gibt zwar Methoden, mit denen man Trendstärken, Zyklen und weitere Indikationen bezüglich der aktuellen Marktsituationen vornehmen kann. Sie zeigen aber letztlich lediglich den Status quo auf und haben keinerlei prognostischen Charakter, mit dem sie uns bei unserem Problem wirklich weiterhelfen würden. Die zukünftige Marktentwicklung lässt sich von uns schlicht nicht vorhersagen.

Natürlich kauft man günstiger, wenn der MSCI World Index gerade frisch um 20% eingebrochen ist. Aber wir sprechen hier, wie in Verbindung mit dem Stichwort Durchschnittskosteneffekt bereits gezeigt, eben über Investitionskosten, nicht über Rendite. Wer auf günstige Einstiegspreise wartet, der wartet unter Umständen jahrelang. Wer Anfang 2012 gehofft hat, dass der S&P500 noch einmal unterhalb von 1.200 Punkten notiert, um "günstig" einsteigen zu können, der wartet bis heute. Wer im Oktober 2018 eingestiegen ist, der startete direkt mit einer dicken Korrektur. Inzwischen hat er seinen Einstiegskurs trotz des jüngsten Einbruchs im Zuge der Coronavirus-Krise deutlich hinter sich gelassen.

Gerade beim noch wenig erfahrenen Einsteiger verursacht der Gedanke, Geld innerhalb fallender Märkte zu verlieren, jedoch schnell Unruhe oder sogar Angst. Genau daher sollte er eben immer mit kleinen Schritten beginnen, für den Einstieg vielleicht ein kleines Set an Sparplänen nutzen, diversifizieren, einen entsprechend hohen Anteil an risikoarmen Investments tätigen, und erst einmal mit kleinen Geldbeträgen im Thema Investieren ankommen. Wenn er aufgrund seiner Erfahrungen dann irgendwann verinnerlicht hat, dass hin und wieder fallende Preise ganz natürlich dazugehören, wird er ganz von selbst ruhig und souverän agieren und auch mit größeren Geldbeträgen und Investments sachgerecht umgehen.

Die Antwort auf die Frage nach dem besten Einstiegszeitpunkt lautet daher: Jetzt!

10.11 Nachhaltigkeit: Wichtig für Sie?

Produkte rund um die Themen Nachhaltigkeit, Umwelt- und Klimaschutz, Gesundheit und Fairness erfahren gerade in der letzten Zeit eine immer stärkere Nachfrage. Das gilt auch für Investments. Insbesondere institutionelle Anleger wie Stiftungen und Rentenfonds achten zunehmend auf nachhaltige Anlageformen und Produkte in ihren Portfolios. Einerseits wird dies von einer wachsenden Anzahl an Kunden so eingefordert, andererseits steigt die Sensibilität für derartige Themen grundsätzlich an.

Obwohl viele Banken und Finanzdienstleister inzwischen reagiert haben und das Angebot an entsprechenden Investmentprodukten ansteigt, bewegt sich das Volumen anteilsmäßig noch im einstelligen Prozentbereich. Dies wird bereits mittelfristig vermutlich nicht so bleiben.

Welche Möglichkeiten hat der ETF-Investor im Hinblick auf nachhaltige Investments? Inzwischen gibt es eine ganze Menge an unterschiedlichen Aktienindizes und Anleihenindizes, die versuchen, Nachhaltigkeit und soziale Verträglichkeit höher zu gewichten, und die über eine Vielzahl an ETFs in das eigene Depot wandern können.

Nachhaltigkeitsindizes beinhalten ausschließlich - oder zumindest zum sehr großen Teil – Aktien von Unternehmen, die die sogenannten ESG-Faktoren möglichst gut erfüllen. ESG steht für engl. Environmental, Social, Governance und beschreibt die drei wesentlichen Kriterien, nach denen Nachhaltigkeit, Ethik und Moral im Kontext definiert wird: Umweltschutz, Geschäftsführung und Geschäftspraxis sowie Soziales.

Ausgeschlossen aus einem nachhaltigen Index werden beispielsweise Unternehmen, die Produkte für die nukleare oder fossile Energieerzeugung herstellen oder vertreiben, sowie solche, denen man Unfairness gegenüber Mitarbeiterinnen und Mitarbeitern oder die Ausbeutung von Menschen beziehungsweise zumindest die Akzeptanz einer solchen vorwerfen kann. Ein wichtiges Stichwort ist hier etwa Kinderarbeit in einigen Ländern der Dritten Welt.

Kurz, es werden Unternehmen ausgeschlossen, denen man mindestens in Teilen wenig ethisches, moralisches oder allgemein wenig nachhaltiges Handeln vorwerfen kann. Hierzu zählen auch die sogenannten Sünden-Aktien, die sich innerhalb ihrer Geschäftsmodelle mit der Produktion oder dem Vertrieb von Waffen, Glücksspiel, Tabakwaren, Alkohol, Pornografie oder Rauschmitteln beschäftigen.

Die Berechnung der nachhaltigen Indizes erfolgt von Anbieter zu Anbieter nicht einheitlich, denn hier gibt es derzeit schlicht keine Standards. Einige Indizes schließen gewisse Unternehmen völlig aus. Andere verwenden eine Maßzahl für die Höhe des nachhaltigen Engagements und gewichten den Anteil des einzelnen Unternehmens entsprechend im Index. Grundsätzlich muss der Investor sich einen Index im Detail anschauen, um sicherzustellen, dass er den eigenen Anforderungen an Nachhaltigkeit hinreichend entspricht.

Als Einstiegshilfe werden im folgenden vier Gruppen von Nachhaltigkeitsindizes kurz vorgestellt, für die es bereits eine angemessen große Menge an guten ETFs gibt, aus denen der Anleger wählen kann. Besonders die MSCI-Nachhaltigkeitsindizes gibt es – wie man es von MSCI kennt – zudem für die unterschiedlichen Regionen der Welt, so dass die gewünschte Diversifikation auf Regions- oder Länderebene im eigenen Portfolio auch mit nachhaltigen anstatt mit den Standard- ETFs umsetzbar ist.

10.11.1 MSCI Enhanced Focus Indizes

Die erste der vorgestellten Gruppen an Nachhaltigkeitsindizes bilden die MSCI Enhanced Focus Indizes. Sie basieren auf einem regionalen Ausgangsindex, wie beispielsweise dem MSCI World. Die Enhanced Focus Indizes sind so konzipiert, dass sie Unternehmen mit besonders starkem Engagement bezüglich der ESG-Faktoren bei gleichzeitig möglichst geringem Ausstoß an Treibhausgasen und möglichst geringem Verbrauch fossiler Rohstoffe am stärksten gewichten. Gleichzeitig wird versucht, die Risiko- und Renditeeigenschaften des jeweiligen Ausgangsindex möglichst beizubehalten. MSCI Subindizes sind für die Regionen USA, Japan, Europa, Emerging Markets und World verfügbar. Speziell iShares bietet auf die unterschiedlichen Indizes Produkte zu günstigen Gebühren an.

10.11.2 MSCI SRI Indizes

Die MSCI SRI Indizes verwenden einen Best-in-class Auswahlansatz. Sie nutzen für ihre Berechnung nur die Unternehmen mit der besten ESG-Bewertung aus dem entsprechenden Sektor und möchten etwa 25% der Marktkapitalisierung der einzelnen Sektoren im Vergleich zum Ausgangsindex abbilden. Pauschal ausgeschlossen werden alle Unternehmen, die negative soziale oder ökologische Auswirkungen haben. Hierunter fallen etwa die bereits genannten Sünden-Aktien, aber auch Unternehmen, die im Bereich der Kernenergie oder Kohleverstromung aktiv sind.

Es werden eine große Anzahl unterschiedlicher Subindizes angeboten, sowohl für unterschiedliche Regionen als auch mit unterschiedlicher Ausrichtung. ETFs auf diese Subindizes gibt es unter anderem von iShares, Amundi und UBS. Einer der größten ETFs im Segment ist mit einem Fondsvolumen von fast 2 Milliarden EUR der physisch replizierende, ausschüttende UBS ETF (LU) MSCI World Socially Responsible UCITS ETF (USD) A-dis (ISIN LU0629459743, WKN A1JA1R).

10.11.3 MSCI ESG Screened Indizes

Die Gruppe der MSCI ESG Screened Indizes besticht durch sehr geringe Kosten, die unter anderem der einfachen Art der Berechnung geschuldet sind: Es werden im Sinne der Nachhaltigkeitskriterien als kritisch zu betrachtende Sektoren pauschal ausgeschlossen. Hierzu zählen Tabakwaren, Kohleverstromung, Waffen und Waffenlieferungen und weitere. Aus den verbleibenden Sektoren werden die Unternehmen nach Marktkapitalisierung aufgenommen. Somit erspart der Index sich kostenzehrende Analysen der Einzelunternehmen. Screened Subindizes sind für die Regionen USA, Japan, Europa, Emerging Markets und World verfügbar. Auch hier beliefert iShares den interessierten Investor mit ETFs, die von der Kapitalisierung her bereits etwas besser aufgestellt sind, als dies für die Gruppe der MSCI Enhanced Focus Indizes gilt.

10.11.4 Dow Jones Sustainability Indizes

Die letzte der vorgestellten Gruppen an Nachhaltigkeitsindizes bilden die Dow Jones Sustainability Indizes. Hier sind zwei Subindizes verfügbar, nämlich ein weltweit streuender und ein Eurozonen-Subindex. Die DJ Sustainability Indizes enthalten die Unternehmen der jeweiligen Region, die sich am stärksten im Bereich Nachhaltigkeit, Umweltschutz und Sozialverträglichkeit engagieren. Die Indexanpassung erfolgt anhand der jährlich stattfindenden Bewertung der Unternehmenslandschaft durch RobecoSAM, eine international agierende Investmentgesellschaft mit Sitz in der Schweiz, die sich auf nachhaltiges Investieren spezialisiert hat. Gewichtet werden die ausgewählten Unternehmen dann im Index entsprechend ihrer Marktkapitalisierung. Auch hier sind einige Sektoren pauschal ausgeschlossen.

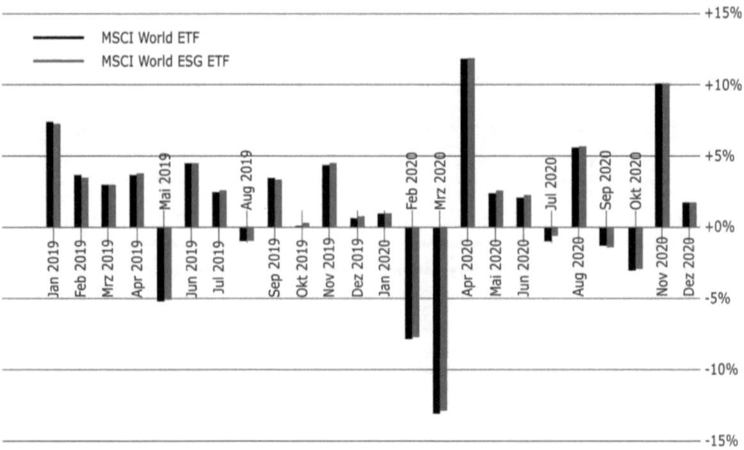

Abb. 7 Vergleich der monatlichen Renditen von einem MSCI World ETF (iShares Core MSCI World UCITS ETF USD (Acc) (WKN A0RPWH) und einem nachhaltigen MSCI World ESG ETF iShares MSCI World ESG Screened UCITS ETF USD (Acc) (WKN A2N6TD).

Derzeit sind für die Dow Jones Sustainability Indizes nur ETFs von iShares verfügbar. Es gibt noch eine Reihe weiterer Nachhaltigkeitsindizes, mit denen sich der interessierte Investor auseinandersetzen kann. Innerhalb der vorgestellten Index-Gruppen lassen sich allerdings bereits viele gut diversifizierte ETFs für das eigene Portfolio finden.

Eine interessante Beobachtung ist, dass viele nachhaltige MSCI-Indizes sehr ähnlich und derzeit offenbar sogar leicht besser zu performen scheinen als ihre Ausgangsindizes (siehe Abb. 7). Eine Überlegung hierzu ist, dass Unternehmen, die generell auf Nachhaltigkeit, Umweltverträglichkeit und Sozialverträglichkeit achten, grundsätzlich verantwortungsvoller mit den ihnen zur Verfügung stehenden Ressourcen umgehen. Sie versuchen, ihre Schuldenquote möglichst gering zu halten, Kosten und Ressourceneinsatz zu minimieren, Kapital eher defensiv zu verwenden. Dies führt dazu, dass sie tendenziell besser Krisen meistern und mit etwas weniger ausgeprägten Einbrüchen zu kämpfen haben als Wettbewerber, die nicht so sehr auf den Faktor Nachhaltigkeit setzen. Ob dies verallgemeinert werden kann, müssen zukünftige Untersuchungen und die zukünftige Datenlage entsprechend klären. Da es die Nachhaltigkeitsindizes erst seit verhältnismäßig kurzer Zeit gibt, lassen sich noch keine wirklichen Performancevergleiche anstellen, weil schlicht noch keine langfristigen Daten verfügbar sind.

Worauf ist bei der Auswahl eines nachhaltigen ETFs besonders zu achten? Neben der hinterlegten Nachhaltigkeitsstrategie gelten eigentlich alle Auswahlkriterien, die für „normale" ETFs auch gelten. Problematisch ist, dass einige ETFs ein noch relativ geringes Fondsvolumen von teils deutlich unter 100 Millionen USD beziehungsweise EUR aufweisen. Da diese Produkte recht neu sind, ist dies einerseits zu erwarten. Andererseits ist hier aber eben das Risiko einer zwischenzeitlichen Auflösung des Fonds wegen Unwirtschaftlichkeit akut vorhanden, sofern sich ein Produkt nicht bei den Kunden beziehungsweise Investoren etabliert.

Als Beispiel für die Problematik der Kapitalisierung seien an dieser Stelle die iShares ETFs auf den MSCI World ESG Enhanced Index genannt: Die thesaurierende Variante besitzt ein Fondsvolumen von 100 Millionen EUR, die ausschüttende Version allerdings nur eines von 20 Millionen EUR. Hier macht es auf jeden Fall Sinn, das Produkt mit dem höheren Fondsvolumen für das eigene Depot zu wählen.

Ob Nachhaltigkeitsindizes ihr Versprechen einhalten können, Ressourcenschonung, soziale Gerechtigkeit und Teilhabe sowie die weiteren Kriterien wirklich voranzutreiben, ist vor dem Hintergrund der aktuell sehr unterschiedlichen Ansätze zur entsprechenden Klassifizierung von Unternehmen noch etwas fraglich. Wenn ein Unternehmen, das als Basis des Geschäftes fossile Rohstoffe zu Benzin und Kerosin raffiniert, seine Mitarbeiter ausgezeichnet behandelt, sie am Geschäftserfolg umfassend teilhaben lässt, deutlich überdurchschnittlich viel Geld in soziale Projekte steckt, sich für die Aufforstung unserer Wälder engagiert, ist es dann ein nachhaltiges Unternehmen? Oder bleibt es eines, das fossile Rohstoffe nutzt? Hier kommt es eben ganz auf die Betrachtung und den eigenen Standpunkt an. Meiner Ansicht nach stellen die Nachhaltigkeitsindizes daher eher einen ersten Versuch dar, der immerhin das wichtige Thema in den Vordergrund rückt. Wenn es - und so sieht es derzeit aus – keine deutlichen Einbußen bei der Rendite gibt, warum dann nicht einen entsprechenden ETF nutzen?

10.12 Die Fallen bei der ETF-Auswahl

Wie gezeigt wurde, ist das Angebot an börsengehandelten Fonds inzwischen sehr fragmentiert und unübersichtlich. Und es kommen immer neue Produkte auf den Markt, in der Hoffnung, damit Kunden anlocken zu können. Unterschiedliche Fondsgesellschaften bieten auf den ersten Blick gleiche Produkte an, die sich in wichtigen Details dann allerdings doch unterscheiden. Es gilt also grundsätzlich aufzupassen und sich die erforderliche Zeit zu nehmen, wenn es um das Aufsetzen eines passiven ETF-Portfolios geht.

Die wesentlichen Kriterien zur Auswahl der passenden ETFs und zur Gestaltung eines Portfolios wurden im vorliegenden Buch besprochen. Nachfolgend werden zur Ergänzung ein paar mögliche Fallen in Bezug auf die ETF-Auswahl genannt, in die besonders der Einsteiger vielleicht unabsichtlich tappen kann. Diese sollte jeder Investor kennen, auch wenn er sich an die vorgestellten Auswahlkriterien zu halten gedenkt.

10.12.1 Sich vom Namen des ETFs täuschen lassen

Der ETF-Name ist wie erläutert grundsätzlich recht aussagekräftig in Bezug auf viele wesentliche Eigenschaften des betrachteten ETFs. Dennoch sollte man jedes Produkt umfassend prüfen und sich alle verfügbaren Daten ansehen. Einerseits verwenden unterschiedliche Anbieter unterschiedliche Bezeichnungen. iShares etwa nutzt für seine Top-Produkte den Term „Core“ als marketingtechnisches Mittel, während dieser Begriff auch Teil einer Indexbezeichnung sein kann. Letzteres ist etwa der Fall beim S&P Emerging Markets Core Index. Möchte der Investor nun einen ETF auf den Index erwerben, so sollte er nicht versehentlich zu einem Produkt der iShares Core Serie greifen.

Andererseits ist der Name teilweise etwas irreführend. Der MSCI World etwa wird beispielsweise gern als „Welt-Index" bezeichnet. Das ist er aber nicht, wie wir sahen. Denn er enthält nur die großen und mittleren Unternehmen der entwickelten Märkte. Keine Schwellenländer, keine kleinen Unternehmen. Zudem ist im Index aufgrund der Zusammenstellung nach Marktkapitalisierung der Unternehmen die USA deutlich übergewichtet. Von einem Welt-Index ist er also genau genommen doch recht weit entfernt.

Es lohnt also immer, sich genau anzuschauen, was man erwerben will, und zu prüfen, ob die eigenen Anforderungen an das Investment auch wirklich erfüllt werden. Der Name des ETFs hilft hier nur als erster Anhalt. Quellen zur Recherche finden Sie im Anhang.

10.12.2 Zu hohe Gebühren für das gleiche Produkt

Eines der wesentlichen Argumente, die für ein Investment mit ETFs sprechen, besteht in den geringen Gebühren. Hier gibt es aufgrund der unterschiedlichen Anbieter allerdings bei gleichen - oder zumindest alternativ verwendbaren - ETFs teils große Unterschiede. Es hat auf die lange Frist einen recht großen Einfluss, ob ich für einen ETF jährlich 0,3% Gebühren zahle oder 0,8%. Auch wenn der Unterschied auf den ersten Blick nur gering aussieht, so summiert sich während einer Laufzeit von beispielsweise 25 Jahren über den Zinseszinseffekt ein ordentlicher Geldbetrag auf.

Ein vereinfachtes Beispiel: Angenommen Sie investieren jeden Monat 500 Euro in einen ETF. Keine Einmalzahlung zu Beginn. Der Anlagezeitraum beträgt 25 Jahre, die Wertentwicklung des ETFs beträgt im Durchschnitt 6% pro Jahr. Nach 25 Jahren wurden also 150.000 Euro eingezahlt. Wie wirken sich die jährlichen Kosten des ETFs auf die Performance aus?

Bei jährlichen Kosten von 0,2% betragen die gesamten Kosten am Ende des Investitionszeitraums 6.394,49 Euro. Der Wertzuwachs beläuft sich auf 179.514,74 Euro, was einer tatsächlichen jährlichen Rendite von 5,79% entspricht.

Zahlen wir einen Gebührensatz von 0,8% im Jahr, so summieren sich die gesamten Kosten am Laufzeitende der Investition auf 24.039,26 Euro. Ein großer Unterschied! Der Wertzuwachs beläuft sich auf 150.845,50 Euro, was nur noch einer tatsächlichen jährlichen Rendite von 5,16% entspricht.

Im Vergleich mit dem ETF mit dem geringeren Gebührensatz haben wir am Ende des Investitionszeitraums also in der Summe 28.669,24 Euro weniger heraus (179.514,74 Euro abzüglich 150.845,50 Euro). Und dies nur durch einen augenscheinlich geringen Unterschied beim Gebührensatz.

Vergleichen Sie also die Produkte unterschiedlicher

Anbieter und nutzen Sie nicht den erstbesten ETF.

10.12.3 Empfehlungen ungeprüft nachkaufen

Heutzutage geben täglich unzählige Akteure Meinungen zu den unterschiedlichsten Börsenthemen zum Besten. Grundsätzlich gilt aber: Meinungen sind nicht Fakten. Besonders öffentlich geäußerte Meinungen haben oft eine bestimmte Absicht, und gerade bei Themen rund um das Thema Investieren ist die Absicht meist, Ihnen irgendetwas zu verkaufen.

Wenn Sie einen „Tipp" oder einen guten Ratschlag im Hinblick auf das Investieren in ETFs erhalten, dann prüfen Sie den Sachverhalt gründlich. Auch und besonders wenn der Tipp von einem ETF-Anbieter selbst kommt. Verstehen Sie stets, in was Sie investieren. Nehmen Sie sich die erforderliche Zeit und gehen Sie den Kauf eines ETFs genauso sorgsam an wie den Kauf eines Autos. Letztlich geht es um Ihr Geld, für das Sie ganz allein verantwortlich sind. Ein schlechter „Tipp" kostet Sie vielleicht viel Geld, und der Tippgeber stiehlt sich meist erfolgreich aus der Verantwortung.

10.12.4 ETFs auf enge Nischen wählen

Kleine Nischen, beispielsweise sehr kleine und spezielle Sub-Branchen, weisen oft zeitweise eine sehr hohe Performance auf, so dass der eine oder andere Anleger auf die Idee kommen könnte, einen entsprechenden ETF mit in sein Portfolio aufzunehmen.

Grundsätzlich spricht nichts dagegen, so lange es sich um einen geringfügigen Anteil von vielleicht 5% oder 10% am Portfolio handelt. Allerdings muss der Investor sich darüber im Klaren sein, dass starke Trends, die besonders in kleineren Nischen gern hin und wieder auftreten, meist nur von begrenzter Dauer sind, anschließend oft schnell abflauen oder sich sogar in ihr Gegenteil – den Abwärtstrend – verkehren. Schnelle Einbrüche sind hier eher zu erwarten als bei großen, breitgestreuten Indizes, und ob es nach einem solchen Einbruch mittelfristig eine Erholung gibt, ist unter Umständen höchst unsicher. Auch mit einem kleinen und überschaubaren Portfolioanteil voll solcher Nischen-ETFs besteht also die Gefahr, die Portfoliorendite einer längeren Anlagedauer zu vernichten. Vermeiden Sie am besten solche Produkte und halten Sie sich an die großen Märkte.

Ein weiteres Problem mit zu engen Nischen ist gegebenenfalls die sehr geringe Diversifizierung. Kleine Nischen bestehen oft aus nur wenigen Unternehmen, so dass ein entsprechender Index wenig Diversifikation aufweist. Dies erhöht das Risiko eines drastischen Einbruchs, falls eine der enthaltenen Aktien durch Insolvenz des Unternehmens ausfällt. Ist die Liquidität des betroffenen ETFs zudem noch entsprechend gering, so lässt sich der ETF dann noch nicht einmal mehr zu einem halbwegs angemessenen Preis verkaufen, um den Schaden zu begrenzen.

10.12.5 Das Fondsvolumen missachten

Die Relevanz des Fondsvolumens im Hinblick auf die ETF-Auswahl wurde bereits ausführlich diskutiert: In das eigene Depot sollten nur ETFs wandern, die eine Kapitalisierung von mindestens ungefähr 100 Millionen Euro oder US-Dollar aufweisen. Ist das Fondsvolumen deutlich kleiner, so besteht immer die Gefahr, dass dem ETF das Geld - oder besser dem Emittenten die Einnahmequelle für Gebühren - ausgeht, wenn viele Investoren Kapital abziehen, so dass das Produkt wegen Unwirtschaftlichkeit aufgelöst wird.

Doch was tun, wenn ich in eine Branche investieren möchte, für die es (noch) keine ETFs mit entsprechender Kapitalisierung gibt? Unzählige ETFs besitzen ein Fondsvolumen von vielleicht nur vier Millionen, zehn Millionen oder auch zwanzig Millionen Euro. Dies kommt zum Beispiel vor, wenn es den entsprechenden Index oder den

Index-ETF erst seit kurzer Zeit gibt und sie noch nicht genügend Interesse bei Anlegerinnen und Anlegern geweckt haben. Investieren oder nicht? Die Antwort auf diese Frage ist ganz einfach: Sie sollten dann nicht investieren. Warten Sie ab, bis es ETFs mit höherem Fondsvolumen gibt. Etabliert sich der entsprechende Index und gelingt es der Fondsgesellschaft, ihre Produkte an die Investoren heranzutragen, so ist es im Allgemeinen nur eine Frage der Zeit, bis die Kapitalisierung groß genug ist, um ein Investment zu rechtfertigen. Alternativ begrenzen Sie Ihr Investment unbedingt auf einen sehr kleinen Teil Ihres verfügbaren Vermögens.

10.12.6 Riskante Anleihen-ETFs wählen

Anleihen-ETFs können im passiven ETF-Portfolio zur Abbildung des risikoarmen Anteils genutzt werden. Sie haben innerhalb dieser Rolle nicht den Zweck, Rendite zu generieren, sondern sollen ausschließlich Risiko steuern. Hierzu kommen nur Kurzläufer von Staaten beziehungsweise Unternehmen mit höchster Bonität infrage.

Alle anderen Arten von Anleihen erfüllen nicht den Zweck der Risikosteuerung und sollten nicht im risikoarmen Teil des eigenen Depots landen. Dies wären insbesondere Schwellenländer-Anleihen oder anderweitige Hochzinsanleihen von Staaten oder Unternehmen. Natürlich liefern diese eine teils herausragende Rendite. Aber diese gibt es nicht umsonst: Der Investor zahlt dafür mit einem entsprechend erhöhten Risiko.

Wenn Sie hochverzinste Anleihen zu Diversifikationszwecken im Depot nutzen wollen, dann fügen Sie diese – und dies auch nur zu geringem Anteil von vielleicht 5% oder 10% - gern Ihrem Portfolio hinzu. Dies kann eine gute Sache sein, denn Schwellenländeranleihen zeigen beispielsweise eine attraktive Rendite bei einer eher geringen Korrelation mit den Aktienmärkten. Aber nutzen Sie sie nicht im risikoarmen Anteil, sondern im risikobehafteten Anteil. Reduzieren Sie dann beispielsweise Ihren Aktienanteil entsprechend.

10.12.7 Einen aktiv gemanagten ETF wählen

Wie bereits dargestellt wurde, gibt es nur eine verschwindend geringe Anzahl an aktiv gemanagten Investmentfonds, die den Markt dauerhaft schlagen. Im Gegenteil, meist erreichen sie noch nicht einmal die breite Marktrendite. Dies ist auch bei aktiv gemanagten ETFs nicht anders. Auch wenn bei ETFs die Kosten deutlich unter denen der „normalen“ Aktienfonds liegen, so sind sie immer noch teurer als passive ETFs, haben aber mit hoher Wahrscheinlichkeit auf die lange Frist eine schlechtere Performance. Es fehlen also klar die Vorteile im Vergleich zu einem Investment in passive Index-ETFs.

Dies gilt auch für die oft angepriesene Krisensicherheit in Verbindung mit der Aussage, ein aktiv gemanagtes Produkt könne zu Beginn eines Crashs schnell reagieren, Aktien verkaufen und Positionen umschichten. Wie dargelegt wurde, gelingt das nur in Ausnahmefällen und keinesfalls grundsätzlich. Verzichten Sie also auf derartige Produkte, die letztlich nur dazu entwickelt wurden, Ihnen höhere Gebühren zu entlocken.

11 Beispiel-Portfolios

Nachfolgend schauen wir uns nun ein paar Beispiel-Portfolios mit unterschiedlicher Risikoeinstellung und verschiedener Komplexität genauer an. Sie sollen exemplarisch aufzeigen, wie ein Investor sein eigenes ETF-Depot aufsetzen kann.

Vorab noch eine Anmerkung: In den folgenden Beispielen werden konkrete ETFs genannt, die genutzt werden können, sofern sie zur Anlagestrategie des jeweiligen Investors passen. Hier spielen selbstverständlich meine eigenen Präferenzen mit hinein. Es handelt sich insofern nicht um „die besten" aller verfügbaren Produkte, denn nahezu täglich verbessern Anbieter ihr ETF-Angebot. Zudem werden sowohl ausschüttende als auch thesaurierende ETFs aufgelistet.

Alle vorgestellten Produkte haben ausschließlich beispielhaften Charakter und sollen noch einmal die theoretischen Informationen anhand eines Praxisbeispiels verdeutlichen. Der Investor hat letztlich stets selbst die Aufgabe, sich mit den ihm zur Verfügung stehenden Anlageprodukten angemessen auseinanderzusetzen und zu prüfen, ob sie seinen Investmentkriterien auch wirklich entsprechen.

11.1 Ein minimalistisches Einsteiger-Portfolio

Das erste der Beispiel-Portfolios ist die einfachste aller denkbaren Varianten für ein passives ETF-Portfolio. Sie besteht aus nur einem MSCI ACWI ETF für die risikobehaftete Komponente sowie aus einem Tagesgeldbetrag für die risikoarme beziehungsweise risikofreie Komponente. Im Beispiel ist der Anteil des risikobehafteten Bestandteils mit 70% relativ hoch gewählt, so dass das Portfolio für einen eher risikofreudigen Anleger infrage kommt. Natürlich kann man auch einen niedrigeren Anteil wählen, um das Portfoliorisiko entsprechend abzusenken.

Vorteile:

Der Vorteil des minimalistischen Einsteiger-Portfolios ist, dass der Investor mit nur einem einzigen ETF bereits ein ETF-Portfolio erhält, das breit gestreut von den weltweiten Aktienmärkten profitiert. Denn der MSCI ACWI enthält mehr als 3000 Unternehmen aus 23 Industrieländern und 26 Schwellenländern, wobei Letztere mit maximal etwa 10% im Index gewichtet sind. So ist auch mit kleineren Geldbeträgen bereits eine Beteiligung an der weltweiten wirtschaftlichen Entwicklung möglich, und zwar zu sehr geringen Kosten.

Nachteile:

Die Wertschwankungen im Portfolio werden relativ hoch sein, da auf eine Diversifizierung über weitere Assetklassen verzichtet wird. Brechen die weltweiten Aktienmärkte deutlich ein, so vollzieht der MSCI ACWI ETF diese Entwicklung weitgehend nach, und damit der gesamte risikobehaftete Portfolioanteil.

Risikobehafteter Anteil: insgesamt 70%

MSCI ACWI ETF

Risikoarmer Anteil: insgesamt 30%

Tagesgeld

Mögliche Produkte:

1. Xtrackers MSCI AC World UCITS ETF 1C

(ISIN IE00BGHQ0G80, WKN A1W8SB)

500 Mio Euro Fondsvolumen, TER 0,4% p.a., optimiertes Sampling, thesaurierend.

2. iShares MSCI ACWI UCITS ETF (Acc)

(ISIN IE00B6R52259, WKN A1JMDF)

1,1 Mia Euro Fondsvolumen, TER 0,6% p.a., optimiertes Sampling, thesaurierend.

3. SPDR MSCI ACWI UCITS ETF

(ISIN IE00B44Z5B48, WKN A1JJTC)

1,8 Mia Euro Fondsvolumen, TER 0,4% p.a., optimiertes Sampling, thesaurierend.

Tipp: Wer mit nur einem einzigen ETF sowohl Industrie- als auch Schwellenländer (der Anteil dieser am Index beträgt etwa 11%) abbilden möchte, der kann sich auch den Vanguard FTSE All-World UCITS ETF (USD) Accumulating (ISIN IE00BK5BQT80, WKN A2PKXG) anschauen. Mit einer TER von 0,22% ist er ausgesprochen günstig zu haben. Ihn gibts auch als ausschüttende Variante.

11.2 Ein klassisches Einsteiger-Portfolio

Das klassische Einsteiger-Portfolio erhält ein niedrigeres Gesamtrisiko, indem die Gewichtung des risikobehafteten

Anteils mit nur 40% gewählt wird. Es ist also eine deutlich reduzierte Volatilität gegenüber den reinen Indizes zu erwarten. Der risikobehaftete Teil besteht aus einem MSCI World ETF und einem MSCI Emerging Markets ETF, da der Investor die höhere zu erwartende Durchschnittsrendite der Schwellenländer in sein Depot einbringen möchte. Rechnerisch ergibt sich bei Betrachtung des gesamten Portfolios ein Anteil des MSCI World von 28%, sowie ein Anteil des MSCI Emerging Markets von 12%.

Der risikoarme Teil soll aus kurzlaufenden Staatsanleihen bester Bonität bestehen.

Vorteile:

Die Kombination aus MSCI World ETF und MSCI EM ETF ist die wohl am weitesten verbreitete Methode, sein ETF-Portfolio zu gestalten. Im Vergleich zum oben vorgestellten minimalistischen Portfolio ist der Investor deutlich flexibler: Möchte er den Anteil der Emerging Markets erhöhen oder absenken, so kann er einfach den Sparplan auf den EM-ETF entsprechend anpassen oder Anteile des Produktes verkaufen beziehungsweise zukaufen. Beim MSCI ACWI-basierten Portfolio geht eine Änderung der Gewichtung nur über die Hinzunahme eines weiteren ETFs.

Nachteile:

Auch hier wird auf weitere Assetklassen zur Diversifikation verzichtet. Dadurch ist das Portfolio schwankungsanfälliger bei starken Aktienmarktbewegungen, die in gleichem Ausmaß mitvollzogen werden. Durch die geringere Gewichtung des risikobehafteten Anteils im Verhältnis zum risikoarmen wird dies allerdings recht deutlich kompensiert. Im Gegenzug ist natürlich auch die zu erwartende Durchschnittsrendite etwas geringer.

Risikobehafteter Anteil: insgesamt 40%

70% MSCI World ETF

30% MSCI Emerging Markets ETF

Risikoarmer Anteil: insgesamt 60%

ETF mit kurzlaufenden Staatsanleihen höchster Bonität

Mögliche Produkte:

Lyxor Core MSCI World (DR) UCITS ETF - Acc

(ISIN LU1781541179, WKN LYX0YD)

657 Mio Euro Fondsvolumen, TER 0,12% p.a., physisch replizierend, optimiertes Sampling, thesaurierend.

iShares Core MSCI World UCITS ETF USD (Acc)

(ISIN IE00B4L5Y983, WKN A0RPWH)

22,4 Mia Euro Fondsvolumen, TER 0,2% p.a., physisch replizierend, optimiertes Sampling, thesaurierend.

Xtrackers MSCI World UCITS ETF 1D

(ISIN IE00BK1PV551, WKN A1XEY2)

805 Mio Euro Fondsvolumen, TER 0,19% p.a., physisch replizierend, optimiertes Sampling, ausschüttend.

iShares MSCI EM UCITS ETF (Dist)

(ISIN IE00B0M63177, WKN A0HGWC)

2,6 Mia Euro Fondsvolumen, TER 0,18% p.a., physisch replizierend, optimiertes Sampling, ausschüttend.

Vanguard FTSE Emerging Markets UCITS ETF Distributing

(ISIN IE00B3VVMM84, WKN A1JX51)

1,9 Mia Euro Fondsvolumen, TER 0,22% p.a., physisch replizierend, optimiertes Sampling, ausschüttend.

Xtrackers MSCI Emerging Markets UCITS ETF 1C

(ISIN IE00BTJRMP35, WKN A12GVR)

2,9 Mia Euro Fondsvolumen, TER 0,2% p.a., physisch replizierend, optimiertes Sampling, thesaurierend.

iShares Euro Government Bond 1-3yr UCITS ETF (Acc)

(ISIN IE00B3VTMJ91, WKN A0X8SK)

436 Mio Euro Fondsvolumen, TER 0,2% p.a., physisch replizierend, Sampling, thesaurierend.

iShares eb.rexx Government Germany 1.5-2.5yr UCITS ETF (DE)

(ISIN DE0006289473, WKN 628947)

189 Mio Euro Fondsvolumen, TER 0,16% p.a., physisch replizierend, Sampling, ausschüttend.

11.3 Ein diversifiziertes ETF-Portfolio I

Als Nächstes betrachten wir ein passiven ETF-Portfolio, das zum Ziel hat, das Risiko über mehrere Assetklassen zu streuen, um die Volatilität und die Anfälligkeit gegenüber längerfristigen Abwärtsphasen der Aktienmärkte etwas abzumildern. Zusätzlich zu Aktienmärkten der entwickelten und der Schwellenländer kommen zu diesem Zweck ein Immobilienanteil und ein Rohstoffanteil hinzu.

Der risikoarme Teil soll aus kurzlaufenden Staatsanleihen bester Bonität bestehen. Die Gewichtung wird so gewählt, dass der risikobehaftete Anteil des Portfolios bei 60% liegt; der risikoarme Anteil bei 40%. Rechnerisch ergeben sich auf Portfolioebene ein Anteil des MSCI World von 36%, sowie ein Anteil des MSCI Emerging Markets von 12%. Die Immobilien und Rohstoffe erhalten jeweils 6%.

Vorteile:

Die weitergehende Diversifikation über Rohstoffe und Immobilien hilft, Wertschwankungen, die aus Aktienmärkten resultieren, etwas zu reduzieren. Ursache hierfür ist die Tatsache, dass sich die Immobilienmärkte und die Rohstoffmärkte im Allgemeinen etwas anders bewegen als die Aktienmärkte. Sie sind weniger stark mit den Aktienmärkten korreliert, tragen aber auch zur Gesamtrendite des Portfolios bei. Es gibt durchaus Marktphasen, in welchen Aktien nicht gut performen, Rohstoffe beispielsweise aber dafür umso besser.

Da auch Immobilien und Rohstoffe zu den risikoreichen Investments gehören, sie aber zugleich eine geringere zu erwartende Durchschnittsrendite als Aktien einbringen, wird ihr Anteil jedoch nicht zu groß gewählt.

Nachteile:

Das vorgestellte Portfolio erfordert bereits fünf ETFs, die natürlich auch alle Kosten verursachen. Sie lassen sich aber mit der angenommenen geringeren Schwankungsanfälligkeit rechtfertigen.

Risikobehafteter Anteil: insgesamt 60%

60% MSCI World ETF

20% MSCI Emerging Markets

10% Immobilien-ETF

10% Rohstoff-ETF

Risikoarmer Anteil: insgesamt 40%

Kurzlaufende Staatsanleihen höchster Bonität

Mögliche Produkte:

Lyxor Core MSCI World (DR) UCITS ETF - Acc

(ISIN LU1781541179, WKN LYX0YD)

657 Mio Euro Fondsvolumen, TER 0,12% p.a., physisch replizierend, optimiertes Sampling, thesaurierend.

iShares Core MSCI World UCITS ETF USD (Acc)

(ISIN IE00B4L5Y983, WKN A0RPWH)

22,4 Mia Euro Fondsvolumen, TER 0,2% p.a., physisch replizierend, optimiertes Sampling, thesaurierend.

iShares MSCI EM UCITS ETF (Dist)

(ISIN IE00B0M63177, WKN A0HGWC)

2,6 Mia Euro Fondsvolumen, TER 0,18% p.a., physisch replizierend, optimiertes Sampling, ausschüttend.

Vanguard FTSE Emerging Markets UCITS ETF Distributing

(ISIN IE00B3VVMM84, WKN A1JX51)

1,9 Mia Euro Fondsvolumen, TER 0,22% p.a., physisch replizierend, optimiertes Sampling, ausschüttend.

iShares Developed Markets Property Yield UCITS ETF

(ISIN IE00B1FZS350, WKN A0LEW8)

1,8 Mia Euro Fondsvolumen, TER 0,59% p.a., physische Replikation, ausschüttend.

SPDR Dow Jones Global Real Estate UCITS ETF

(ISIN IE00B8GF1M35, WKN A1J3PB)

155 Mio Euro Fondsvolumen, TER 0,4% p.a., physische Replikation, optimiertes Sampling, ausschüttend.

HSBC FTSE EPRA/NAREIT Developed UCITS ETF USD

(ISIN IE00B5L01S80, WKN A1JCM0)

130 Mio Euro Fondsvolumen, TER 0,4% p.a., physische Replikation, ausschüttend.

iShares Diversified Commodity Swap UCITS ETF

(ISIN: IE00BDFL4P12, WKN: A2DK6R)

1,1 Mia Euro Fondsvolumen, TER 0,19% p.a., synthetische Replikation, Swapverfahren, thesaurierend.

Lyxor Commodities TR/CoreCommodity CRB TR UCITS ETF – Acc

(ISIN LU1829218749, WKN LYX0Z2)

470 Mio Euro Fondsvolumen, TER 0,35% p.a., synthetische Replikation, Swapverfahren, thesaurierend.

iShares Euro Government Bond 1-3yr UCITS ETF (Acc)

(ISIN IE00B3VTMJ91, WKN A0X8SK)

436 Mio Euro Fondsvolumen, TER 0,2% p.a., physisch replizierend, Sampling, thesaurierend.

iShares eb.rexx Government Germany 1.5-2.5yr UCITS ETF (DE)

(ISIN DE0006289473, WKN 628947)

189 Mio Euro Fondsvolumen, TER 0,16% p.a., physisch replizierend, Sampling, ausschüttend.

11.4 Ein diversifiziertes ETF-Portfolio II

Das zweite diversifizierte ETF-Portfoliobeispiel unterscheidet sich von dem zuvor beschriebenen Portfolio durch eine zusätzliche Small-Caps Komponente. Außerdem ist ein ETF auf den MSCI Europe Index enthalten. Der Large- und Mid-Cap Anteil wird entsprechend reduziert. Ziel eines Investors mit einer solchen Aufteilung könnte beispielsweise sein, die höhere zu erwartende Rendite der Small-Caps in das Depot einzubringen sowie die Übergewichtung der USA etwas zu reduzieren, indem ein zusätzlicher Euroland-ETF genutzt wird. Die weitere Risikostreuung erfolgt durch einen REIT-ETF und einen Rohstoff-ETF.

Der risikoarme Teil soll aus kurzlaufenden Staatsanleihen bester Bonität bestehen. Die Gewichtung wird so gewählt, dass der risikobehaftete Anteil des Portfolios bei 70% liegt; der risikoarme Anteil bei 30%. Rechnerisch ergeben sich auf Portfolioebene ein Anteil des MSCI World von 24,5%, der Small-Caps von 7%, der Euroländer von 10,5%, der Schwellenländer von 14%, sowie der Immobilien und Rohstoffe von je 7%.

Grundsätzlich zeigt dieses ETF-Portfolio, wie ein Investor sich eine eigene ETF-Strategie mit vielen unterschiedlichen Komponenten zusammenstellen kann. Zur Anwendung können ebenso gut etwa branchenspezifische ETFs, sowie spezielle Länder und Regionen kommen.

Letztlich kommt es darauf an, dass die Anforderung einer möglichst breiten Streuung stets erhalten bleibt. Es ist also bei der Aufnahme weiterer ETFs darauf zu achten, dass nicht unabsichtlich die Diversifikation verringert wird. Ein Beispiel: Würde man zu dem hier angegebenen Portfolio einen Informationstechnologie-ETF zufügen, der die nach Marktkapitalisierung größten IT-Unternehmen der Welt enthält, so würde man – da auch der MSCI World bereits sehr US-lastig ist - den Standort USA noch einmal deutlich höher gewichten, denn die größten IT-Unternehmen Apple, Visa, Intel, Microsoft & Co. sind nun einmal alle in den USA ansässig.

Vorteile:

Das Gewicht der US-Wirtschaft im MSCI World Index ist im Portfolio etwas geringer, während die europäische Wirtschaft etwas mehr Relevanz erhält. Small-Caps bieten eine langfristig höhere Rendite als die Large- und Mid-Caps, was im Depot genutzt werden soll. Allerdings führen Small-Caps auch zu einer gewissen Erhöhung der Wertschwankungen, weswegen ein Anteil von nur 7% gewählt wird. Die Einstreuung von Immobilien und Rohstoffen sorgt dafür, dass das Abwärtspotenzial des ETF-Portfolios in Schwächephasen der Aktienmärkte etwas reduziert wird.

Nachteile:

Das Portfolio verwendet sieben ETFs, den risikoarmen Bestandteil eingerechnet. Dies erfordert etwas mehr Planung zu Beginn und lohnt sich erst, wenn das investierbare Kapital eine gewisse Größenordnung erreicht hat.

Risikobehafteter Anteil: insgesamt 70%

35% MSCI World

10% MSCI World Small-Caps

15% MSCI Europe

20% MSCI Emerging Markets

10% Immobilien-ETF

10% Rohstoff-ETF

Risikoarmer Anteil: insgesamt 30%

Kurzlaufende Staatsanleihen höchster Bonität

Mögliche Produkte:

Lyxor Core MSCI World (DR) UCITS ETF - Acc

(ISIN LU1781541179, WKN LYX0YD)

657 Mio Euro Fondsvolumen, TER 0,12% p.a., physisch replizierend, optimiertes Sampling, thesaurierend.

iShares Core MSCI World UCITS ETF USD (Acc)

(ISIN IE00B4L5Y983, WKN A0RPWH)

22,4 Mia Euro Fondsvolumen, TER 0,2% p.a., physisch replizierend, optimiertes Sampling, thesaurierend.

iShares MSCI World Small Cap UCITS ETF

(ISIN IE00BF4RFH31, WKN A2DWBY)

1,4 Mia Euro Fondsvolumen, TER 0,35% p.a., physisch replizierend, optimiertes Sampling, thesaurierend.

iShares Core MSCI Europe UCITS ETF EUR (Dist)

(ISIN IE00B1YZSC51, WKN A0MZWQ)

6 Mia Euro Fondsvolumen, TER 0,12% p.a., physisch replizierend, optimiertes Sampling, ausschüttend.

Xtrackers MSCI Europe UCITS ETF 1C

(ISIN LU0274209237, WKN DBX1ME)

2,4 Mia Euro Fondsvolumen, TER 0,12% p.a., vollständig physisch replizierend, thesaurierend.

Vanguard FTSE Emerging Markets UCITS ETF Distributing

(ISIN IE00B3VVMM84, WKN A1JX51)

1,9 Mia Euro Fondsvolumen, TER 0,22% p.a., physisch replizierend, optimiertes Sampling, ausschüttend.

iShares Developed Markets Property Yield UCITS ETF

(ISIN IE00B1FZS350, WKN A0LEW8)

1,8 Mia Euro Fondsvolumen, TER 0,59% p.a., physische Replikation, ausschüttend.

(ISIN IE00B8GF1M35, WKN A1J3PB)

155 Mio Euro Fondsvolumen, TER 0,4% p.a., physische Replikation, optimiertes Sampling, ausschüttend.

HSBC FTSE EPRA/NAREIT Developed UCITS ETF USD

(ISIN IE00B5L01S80, WKN A1JCM0)

130 Mio Euro Fondsvolumen, TER 0,4% p.a., physische Replikation, ausschüttend.

iShares Diversified Commodity Swap UCITS ETF

(ISIN: IE00BDFL4P12, WKN: A2DK6R)

1,1 Mia Euro Fondsvolumen, TER 0,19% p.a., synthetische Replikation, Swapverfahren, thesaurierend.

Lyxor Commodities TR/CoreCommodity CRB TR UCITS

ETF – Acc

(ISIN LU1829218749, WKN LYX0Z2)

470 Mio Euro Fondsvolumen, TER 0,35% p.a., synthetische Replikation, Swapverfahren, thesaurierend.

iShares Euro Government Bond 1-3yr UCITS ETF (Acc)

(ISIN IE00B3VTMJ91, WKN A0X8SK)

436 Mio Euro Fondsvolumen, TER 0,2% p.a., physisch replizierend, Sampling, thesaurierend.

iShares eb.rexx Government Germany 1.5-2.5yr UCITS ETF (DE)

(ISIN DE0006289473, WKN 628947)

189 Mio Euro Fondsvolumen, TER 0,16% p.a., physisch replizierend, Sampling, ausschüttend.

11.5 Ein Ausschüttungs-orientiertes Portfolio

Der Fokus des Ausschüttungs-orientierten ETF-Portfolios liegt ausschließlich auf – weltweit gestreuten – Unternehmen, die annehmbare Dividenden ausschütten, und dies möglichst zuverlässig. Es soll als Beispiel dafür angeführt werden, wie sich mit ETFs ein Einkommen erzielen lässt. Für den Vermögensaufbau und besonders für den Einsteiger, der auf eine möglichst breite Diversifizierung achten möchte, ist es nur sehr begrenzt oder sogar eher nicht geeignet.

Das Ausschüttungs-orientierte Portfolio hat zum Ziel, jeden Kalendermonat des Jahres Einnahmen zu generieren, die als Barbetrag auf dem Verrechnungskonto gutgeschrieben werden. Ein solches Portfolio kann der (bereits eher vermögende) Investor beispielsweise nutzen, um seine Lebenskosten ganz oder teilweise zu finanzieren. Aufgrund dieser Zielsetzung wird auf einen risikoarmen Bestandteil verzichtet.

Zum Einsatz kommen lediglich drei quartalsweise ausschüttende ETFs. Der iShares STOXX Global Select Dividend 100 UCITS ETF (DE) schüttet in den Monaten Januar, April, Juli und Oktober aus. Der SPDR S&P Global Dividend Aristocrats UCITS ETF zahlt in Februar, Mai, August und September. Der Invesco FTSE EM High Dividend Low Volatility UCITS ETF schüttet in den Monaten März, Juni, September und Dezember seine Erträge aus. Damit erzielen wir in jedem Monat des Jahres ein Einkommen.

Der dem iShares STOXX Global Select Dividend 100 UCITS ETF (DE) zugrunde liegende Index enthält 100 Unternehmen, die eine möglichst hohe Dividende zahlen und diese auch in den letzten fünf Jahren nicht gesenkt haben.

Zudem muss das Verhältnis von Dividende zum Unternehmensgewinn, die sogenannte Payout Ratio oder Auszahlungsquote, unterhalb eines Grenzwertes liegen. Beide Kriterien, das Ausbleiben von Dividendensenkungen oder -streichungen und eine nicht zu hohe Auszahlungsquote, sind Bestandteil einer jeden Dividendenstrategie.

Der SPDR S&P Global Dividend Aristocrats UCITS ETF bildet die Wertentwicklung von derzeit 85 Unternehmen ab, die ihre Dividende in den letzten zehn Jahren jährlich mindestens einmal angehoben haben. Man spricht hierbei auch von „Dividenden-Aristokraten".

Der Invesco FTSE EM High Dividend Low Volatility UCITS ETF bildet die Wertentwicklung von 100 Unternehmen aus dem FTSE Emerging Index mit der höchsten Dividendenrendite und der niedrigsten Volatilität, basierend jeweils auf den letzten zwölf Monaten, ab.

Wer von jedem der drei ETFs in 2019 je 100 Stück im Wert von aktuell insgesamt etwa 6.500 Euro besaß, der konnte sich über 369 Euro an Ausschüttungen freuen, was einer Ausschüttungsrendite von 369 Euro / 6.500 Euro gleich 5,68% entspricht. Wer das Zehnfache investierte, der erhielt entsprechend ein passives Einkommen von 3.690 Euro beziehungsweise monatlich im Durchschnitt 307,50 Euro. Vor Steuern wohlgemerkt. Anzumerken ist allerdings, dass die ausgeschütteten Erträge nicht gleichmäßig über das Jahr verteilt eintreffen. Während in den USA viele Unternehmen ihre Dividenden quartalsweise ausschütten, tun dies die meisten europäischen Länder nur einmal oder zweimal im Jahr. So sind die Erträge, welche die ETFs erhalten und ausschütten, in den Sommermonaten meist am höchsten.

Vorteile:

Monatliche Einnahmen aus Ausschüttungen der ETFs mit einer jährlichen Ausschüttungsrendite von etwa vier bis sechs Prozent.

Nachteile:

Das vollständige Engagement in Aktien ohne weitere Diversifizierung und die relativ geringe Anzahl an Unternehmen innerhalb der ETFs führen zu einer höheren Anfälligkeit gegenüber Schwächephasen der Aktienmärkte. So brach das Portfolio im März 2020 im Zuge der Coronavirus-Pandemie um fast 22 Prozent ein. Zum Vergleich: Ein 70/30-Standardportfolio aus einem MSCI World ETF und einem Anleihen-ETF fiel im Betrachtungszeitraum lediglich um etwa 10 Prozent.

Risikobehafteter Anteil: insgesamt 100%

30% iShares STOXX Global Select Dividend 100 ETF (Weltweit)

40% SPDR S&P Global Dividend Aristocrats (Weltweit)

30% Invesco FTSE EM High Dividend Low Vola (Emerging Markets)

Verwendete Produkte:

iShares STOXX Global Select Dividend 100 UCITS ETF (DE)

(ISIN DE000A0F5UH1, WKN A0F5UH)

1,3 Mia Euro Fondsvolumen, TER 0,46% p.a., vollständig physisch replizierend, ausschüttend.

SPDR S&P Global Dividend Aristocrats UCITS ETF

(ISIN IE00B9CQXS71, WKN A1T8GD)

478 Mio Euro Fondsvolumen, TER 0,45% p.a., physisch replizierend, optimiertes Sampling, ausschüttend.

Invesco FTSE EM High Dividend Low Volatility UCITS ETF

(ISIN IE00BYYXBF44, WKN A2AHZU)

53 Mio Euro Fondsvolumen (Achtung! Leider gibt es hier keine Alternative, so dass ausnahmsweise die Regel zum minimalen Fondsvolumen gebrochen wird.), TER 0,49% p.a., vollständig physisch replizierend, ausschüttend.

Dies waren fünf Beispiele, die Ihnen zeigen sollen, wie man sich sein eigenes ETF-Portfolio aufbauen kann. Lassen Sie sich gern davon inspirieren. Auf welche Art Sie Ihr eigenes Depot gestalten, müssen - und können – Sie selbst entscheiden, denn letztlich kommt es ganz darauf an, wie Ihre eigenen Präferenzen sind und welches Portfoliorisiko Ihnen für sich angemessen erscheint.

12 Die Pflege Ihres ETF-Portfolios

Einmal aufgesetzt kann das ETF-Portfolio mit dem eigenen Geld arbeiten und es langfristig vermehren. Doch gänzlich ohne Pflege kommt auch ein unkompliziertes, passives Investmentdepot nicht aus. Denn die Bedingungen an den Börsenmärkten und beim Investor ändern sich laufend: Das Risikoprofil des Portfolios verändert sich im Laufe der Zeit durch die unterschiedliche Entwicklung der einzelnen ETFs. Der Aktienanteil steigt vielleicht sehr deutlich im Wert, während der Anleihenanteil nur geringfügig zulegt. Das Portfolio muss daher in mehr oder weniger regelmäßigen Abständen wieder auf das ursprüngliche Maß eingestellt werden. Diesen Vorgang nennt man Rebalancing.

Auch kann es sein, dass der Anleger – etwa durch eine Gehaltserhöhung oder durch eine Sonderzahlung – plötzlich ein höheres Einkommen hat, das er gern zusätzlich in sein Depot einbringen würde. Hier kann er natürlich einfach die regelmäßigen Sparbeträge entsprechend erhöhen. Er kann aber auch in eine größere Diversifikation investieren und damit sein Wertschwankungsrisiko reduzieren oder seine zu erwartende Rendite auf Portfolioebene erhöhen. Diese Arten von Anpassungen werden nachfolgend im Detail besprochen.

12.1 Rebalancing richtig umsetzen

Im Laufe der Zeit ändert sich im passiven ETF-Portfolio das Verhältnis von risikoarmem zu risikobehaftetem Anteil. Die Ursache hierfür liegt ganz einfach in der unterschiedlichen Entwicklung der enthaltenen ETFs. Besteht das eigene Depot beispielsweise ganz minimalistisch aus einem ETF auf den MSCI World und einem Anleihen-ETF mit kurzlaufenden Staatsanleihen, so ist zu erwarten, dass der Aktien-ETF im Betrachtungszeitraum deutlich stärker im Wert steigt (oder auch einmal fällt), als der Anleihen-ETF es tut. Der Wert des risikobehafteten Anteils im Depot erhöht sich also deutlich, während der des risikoarmen Anteils im selben Zeitraum vielleicht nur minimal zulegt.

Hat der Anleger zu Beginn seiner Investition für sich festgelegt, dass er ein Verhältnis von risikobehaftetem zu risikoarmem Teil von 60:40 haben möchte, so hat sich dieses nach dem starken Anstieg des Aktienanteils vielleicht auf 70:30 verändert. Dies ist nicht wünschenswert, denn es ist nun mit höheren Wertschwankungen zu rechnen, als ursprünglich geplant.

Ein Beispiel (wir lassen zur Vereinfachung sämtliche Kosten weg):

Zu Beginn des Jahres 1 stellt sich ein Anleger ein ETF-Portfolio mit einer Gewichtung des risikobehafteten Anteils von 60% und mit einer Gewichtung des risikoarmen Anteils von 40% zusammen. Er hat 10.000 Euro für das gesamte Investment vorgesehen und investiert folglich 6.000 Euro in einen Aktien-ETF A (risikobehafteter Anteil) und 4.000 Euro in einen Anleihen-ETF B (risikoarmer Anteil). Am Ende des Jahres 1 hat sich A ganz besonders gut entwickelt – wir nehmen eine besonders hohe Steigerung von plus 40% an -, so dass die Anlage anstatt der ursprünglichen 6.000 Euro nun ganze 8.400 Euro wert ist. Der Anleihen-ETF hat sich vom Kurs her nicht verändert, er ist immer noch 4.000 Euro wert.

Das Volumen der Geldanlage ist nun also auf 12.400 Euro angestiegen (Tab. 3).

	ETF A	**ETF B**	**Gesamtwert**
Anfang Jahr 1	6.000 € (60%)	4.000 € (40%)	**10.000 € (100%)**
Ende Jahr 1	8.400 € (68%)	4.000€ (32%)	**12.400 € (100%)**

Tabelle 3 Die Veränderung der Gewichtung von risikobehaftetem (ETF A) und risikoarmem (ETF B) Portfolioanteil durch unterschiedliche Performance. Die ursprünglich eingestellte Gewichtung von 60:40 verändert sich im Beispiel im Laufe der Zeit, so dass am Ende der Betrachtungsperiode eine solche von 68:32 vorliegt.

Anteilig beträgt der risikobehaftete Bestandteil nun allerdings 8.400 Euro / 12.400 Euro = 67,7%, während der risikoarme Anteil auf 4.000 / 11.200 Euro = 32,3% geschrumpft ist. Ein recht deutlicher Unterschied im Vergleich zum ursprünglich gewünschten Verhältnis. Auf eine längere Betrachtungsdauer hin wird sich das Missverhältnis eventuell weiter vergrößern. An dieser Stelle kommt nun das Rebalancing ins Spiel. Hierunter versteht man die regelmäßige Wiederherstellung der ursprünglich vorgesehenen Portfoliostruktur, um zu vermeiden, dass die riskanteren Anlageformen im Depot im Zeitverlauf ein immer größeres Gewicht erhalten.

Grundsätzlich sind zwei Optionen verfügbar: Entweder man verkauft einen Teil der Assetklasse, die besonders gut performt hat, bis das ursprüngliche Verhältnis von risikobehaftetem zu risikoarmem Teil wiederhergestellt ist. Oder man kauft in der Assetklasse mit der schlechteren Performance entsprechend nach. Natürlich kann man auch beide Optionen mischen. Da wir aber Transaktionskosten sparen möchten, die letztlich unsere Gesamtperformance schmälern, sollte die Anzahl der Transaktionen so gering wie möglich gehalten werden.

Möchte man nachkaufen, so lässt sich – sofern Sparpläne für das Investieren genutzt werden – auch einfach die Sparrate entsprechend anpassen: Im untergewichteten Teil erhöht man die Sparrate für eine Weile, im übergewichteten Teil verringert man sie eine Zeitlang. Da für derartige

Anpassungen keine Gebühren anfallen, lassen sich somit Transaktionskosten einsparen, die man bei regulären Verkäufen oder Nachkäufen zu tragen hätte.

Um effektiv zu wirken, sollte das Rebalancing mindestens einmal im Jahr, bei sehr starken Veränderungen gern auch zweimal im Jahr, vorgenommen werden, und zwar sofern es zu Abweichungen von mehr als zehn Prozent kommt. Eine häufigere Anpassung ist aus Kostengründen und auch aus Gründen der Bequemlichkeit nicht zielführend.

Seltener als jährlich sollte man ebenfalls nicht anpassen, da hier in besonders guten oder in besonders schlechten Börsenjahren das auftretende Ungleichgewicht entsprechend hoch ausfallen kann, und es damit letztlich zu einem signifikanten Einflussfaktor für das Risiko und für die Portfolio-Performance wird.

Perfektionismus ist nicht erforderlich. Es ist nicht notwendig, das Portfolio stets absolut exakt in der gewünschten Gewichtung zu halten. Es reicht, wenn diese annähernd vorliegt. Aus einer perfekten Einstellung ergibt sich letztlich renditetechnisch kein Vorteil, während die zusätzlichen Transaktionsgebühren nachteilig wirken. Schauen Sie beim Rebalancing einfach, dass die Gewichtung so gut wie machbar eingestellt wird. Wenn es dann noch Abweichungen gibt, die sich im Bereich von wenigen Prozentpunkten bewegen, so ist das durchaus in Ordnung und muss nicht weiter verbessert werden.

12.2 Diversifikation erhöhen

Im Laufe der Zeit wird auch ein kleines Einsteiger-Portfolio immer größer und gewichtiger. Irgendwann ergibt sich dann das „Luxusproblem" für den Investor, vielleicht seine Diversifikation erhöhen zu wollen, um die Wertschwankungen im Depot zu verringern, die Abhängigkeit von einzelnen Assetklassen zu mindern, oder um die erwartete Rendite zu steigern. Die Umsetzung erfolgt mit den Mitteln, die bereits vorgestellt wurden.

Um Wertschwankungen im größer werdenden Portfolio zu verringern, bietet sich im passiven ETF-Portfolio - neben der grundsätzlichen Möglichkeit, den risikoarmen Portfolioanteil zu vergrößern – die Hinzunahme weiterer Assetklassen in Form eines oder mehrerer ETFs an. Hat man, wie es die meisten Einsteiger tun, bislang etwa einen oder zwei breit gestreute Aktien-ETFs im risikobehafteten Depotteil, so kann man überlegen, einen Immobilien-/ REIT-ETF oder einen Rohstoff-ETF zuzufügen. Da die Assetklassen Immobilien und Rohstoffe eine vergleichsweise niedrige Korrelation mit den breiten Aktienmärkten aufweisen, ist langfristig mit einer Verringerung der Wertschwankungen im Portfolio zu rechnen. Zudem sinkt der maximale Verlust in Crashphasen der Aktienmärkte etwas ab. Wir erreichen also eine Glättung der Performancekurve im Zeitverlauf.

Erkauft wird diese allerdings mit einer etwas geringeren durchschnittlichen Performance. Gleiches gilt für die Zielsetzung, die Abhängigkeit von einer einzigen Assetklasse zu reduzieren. Auch hier geht es letztlich um eine Verringerung der auftretenden Schwankungen im Portfolio.

Zur Steigerung der zu erwartenden Rendite müssen dem Portfolio in angemessener Dosierung Anlagen mit etwas erhöhter durchschnittlicher Volatilität zugefügt werden. Hier kommen etwa Small-Caps, Schwellenländeraktien oder Hochzinsanleihen infrage. Es gilt allerdings, darauf zu achten, dass die Gewichtung dieser Komponenten nicht zu groß wird und man sich auf Portfolioebene plötzlich mit Kursbewegungen konfrontiert sieht, die die eigene Risikotoleranz überschreiten. Schwellenländeraktien können maximal 25% bis 35% Gewicht erhalten, Small-Caps und Hochzinsanleihen sollten - sofern genutzt – maximal 10% bis 20% des gesamten Depots ausmachen.

Die Anpassungen zur Erhöhung der Diversifikation im Portfolio beginnen grundsätzlich mit einem Planungsschritt: Welche Veränderungen im Hinblick auf die erwartete Rendite und das erwartete Risiko sollen umgesetzt werden und warum? Ändert sich die Gewichtung von risikoarmem und risikobehaftetem Depotanteil oder geht es nur um einen Ausbau eines der beiden Teile? Wie groß ist das zukünftig geplante Gesamtkapital im Portfolio, und wie groß soll die Gewichtung der einzelnen Assetklassen im Depot sein? Soll Kapital zugefügt werden oder soll umgeschichtet werden?

Sind diese Fragen beantwortet, können die in das Portfolio neu aufzunehmenden Produkte ausgesucht werden. Bei einer Umschichtung von Kapital muss berücksichtigt werden, welche Anteile welcher ETFs verkauft werden müssen, um Kapital für die neuen Bestandteile freizusetzen. Werden Sparpläne genutzt, so ist zu überlegen, ob man alternativ bestimmte Sparpläne eine Zeitlang pausiert, um das so eingesparte Kapital in einem neuen Sparplan anzulegen. Hier dauert das Erreichen der neuen Zielgewichtung entsprechend länger, allerdings vermeidet man auf diese Weise Verkäufe von ETF-Anteilen. Und möglichst geringe Transaktionskosten waren uns Investoren ja wichtig.

Wird dem Depot Kapital zugefügt, so kann dies entweder über neu erstellte Sparpläne erfolgen oder via Einmalkauf. Die Umsetzung ist diesbezüglich trivial und wurde bereits im Kapitel zum Aufsetzen eines passiven ETF-Portfolios besprochen.

12.3 Was tun in Crash und Bärenmarkt?

Ein zynischer Spruch zum Thema Geldanlage an den Kapitalmärkten lautet: Wie macht man an der Börse ein kleines

Vermögen? - Indem man ein großes investiert. Dieser Spruch ist meiner Ansicht nach großer Quatsch – sofern man sich ausreichend mit dem Thema Investieren in die Kapitalmärkte beschäftigt hat. Allerdings wurde er für viele unvorbereitete Investoren in der Vergangenheit häufig zur Realität. In den meisten Fällen wegen grundlegender Fehler.

Ich kenne Menschen, die wohlhabend und finanziell außerordentlich erfolgreich sind. Einige erzielen ihre Einkünfte nahezu vollständig aus vermieteten Immobilien und aus einer unternehmerischen Tätigkeit. An die Börsen hingegen werden sie sich nach eigenen Aussagen nie wieder wagen, nachdem sie im Dotcom-Crash um das Jahr 2000 und in dem nachfolgenden Bärenmarkt viel Geld verloren haben.

Was war passiert? Nach dem unvergleichlichen Anstieg der Märkte in den Jahren vor dem Crash kam es dann recht abrupt zum Einbruch. Viele Privatleute wagten sich erst in den letzten Zügen des Bullenmarktes an Aktien heran. Und zwar nachdem die allgemeine Euphorie so groß geworden war, dass selbst die letzten Medien begannen, Aktien in großem Stil zu empfehlen. In einer Zeit, in der man mit Technologieunternehmen quasi über Nacht „reich" werden konnte, in der man Wochenrenditen von dreißig Prozent, hundert Prozent oder sogar Verdreifachung des Börsenkurses innerhalb von ein oder zwei Wochen mit hoher Regelmäßigkeit verzeichnen konnte, musste letztlich selbst der Unerfahrenste unbedingt mit dabei sein. Wenn möglich, gern auch auf Kredit, denn so konnte man sein eigenes Kapital hebeln und noch reicher werden.

Es knallte schließlich, Panik ergriff nahezu durchgehend alle Beteiligten, man floh Hals über Kopf aus den Märkten und versuchte, zumindest noch einen kleinen Teil des eingesetzten Kapitals - nicht etwas der Gewinne, denn die hatten sich meist bereits wieder in Wohlgefallen aufgelöst – zu retten.

Der Bärenmarkt dauerte noch bis in das Jahr 2003 an. Wer nicht unmittelbar mit dem Crash aus dem Markt geworfen worden war, verlor irgendwann im Laufe der Zeit die Geduld und sein Vertrauen in die Börsenmärkte und verkaufte seine verbleibenden Assets nahezu zu Tiefstpreisen.

Waren die privaten Anleger damals alles dumme Leute? Nein, sicher nicht! Sie waren schlicht unerfahren, hatten sich – trotz vielfach sicher hervorragender analytischer Fähigkeiten in ihrem eigentlichen Arbeitsumfeld – hinreißen lassen, sich in einen Wirkungsbereich zu begeben, ohne sich zuvor mit den wesentlichen Grundlagen auseinandergesetzt zu haben. Besonders kannten sie auch nicht die psychischen Fallen, die dem Investor auflauern, wenn er sich an die Börsen der Welt wagt.

Viele Menschen, die heute in den unterschiedlichsten Bereichen sehr erfolgreich sind - auch in Bezug auf das Thema Einkommen - verloren in dieser Krisenzeit das Vertrauen in die Börsen, und von ihnen hört man heute noch im

Gespräch gern: „Aktien und Fonds sind riskante Zockerei", oft ergänzt durch „Für mich ist das nichts (mehr)".

Wer am Hochpunkt im Jahr 2000 in den S&P500 Aktienindex investiert hatte, musste tatsächlich bis zum Ende des Jahres 2007 warten, um seinen ursprünglichen Kapitaleinsatz wiederzusehen. Und dann kam die Finanzkrise. Schauen wir jedoch heute auf den Chart des bekannten amerikanischen Index, so sehen wir lediglich einige mehr oder minder ausgeprägte Zacken in der ansonsten von links unten nach rechts oben verlaufenden Kurskurve. Die Verluste der Dotcom- und auch der Finanzkrise sind längst mehr als ausgeglichen.

Doch was hat das katastrophale Anlegerverhalten in den 2000er Jahren mit uns passiven ETF-Investoren zu tun?

Nun ist das Wertschwankungsrisiko eines diversifizierten passiven ETF-Portfolios vom Ausmaß her natürlich deutlich geringer als bei einzelnen Aktienindizes oder gar bei einzelnen Technologieaktien. Aber die grundlegenden Problemstellen bestehen hier ebenso: Ein Crash wird auch das bestens gepflegte ETF-Depot erfassen und zwischenzeitlich ordentlich Buchverluste verursachen. Je nach Gewichtung des risikobehafteten Anteils im Portfolio kann das eigene Depot zeitweise schon zwischen 10% und vielleicht 30% im Minusbereich feststecken. Dies kann Wochen dauern oder Monate, und schlimmstenfalls dauert es sogar einige Jahre, bis die eigenen ETFs wieder grüne Zahlen aufweisen. Aber die Märkte werden sich stets erholen.

Aktien sind langfristig nachweislich die mit Abstand rentabelste Anlageform. Und dies trotz aller Krisen, die uns in diesem und im letzten Jahrhundert heimgesucht haben. Neben zwei verheerenden Weltkriegen hatten wir weitere Kriege und Krisenherde, Atomunfälle, Ölkrisen, den Fall des Eisernen Vorhangs mit im Vorfeld drohenden Atomkriegen, Umweltkatastrophen, wir hatten Währungsreformen und Hyperinflationen. Und dennoch haben sich die Aktienmärkte immer wieder erholt und sind langfristig stets zu neuen Hochs aufgestiegen. Besitzer von Bareinlagen, Bankguthaben, Sparbüchern hingegen haben im Zuge der schlimmsten Krisen teilweise ihr gesamtes Vermögen - oder zumindest einen guten Teil davon - verloren. Bei Besitzern von möglichst breitgestreuten Sachwerten war dies meist weniger der Fall. Die lange Historie der Aktienmärkte seit Anfang des zwanzigsten Jahrhunderts ist ein guter Grund, anzunehmen, dass sich die Kapitalmärkte langfristig auch weiterhin positiv entwickeln werden, auch wenn wir aus der Entwicklung in der Vergangenheit natürlich nicht automatisch auf die Zukunft schließen können.

Wenn aktuell die Crashpropheten den Untergang von Euro und Dollar beschwören, mit oder ohne vorausgehende Hyperinflation, so dürfen wir Investoren zu Recht antworten, dass wir ähnliche Dinge alle schon hatten und dass es stets gut ausgegangen ist. Die Krisen, vor denen wir heutzutage stehen, dürften nicht annähernd an das heranreichen, was die schwerste Wirtschaftskrise der Neuzeit beginnend im Jahr 1929 oder was zwei Weltkriege verursachten. Die Kapitalmärkte haben all das nicht nur überlebt, sondern letztlich sehr gut weggesteckt.

Kommt es tatsächlich zu einer Hyperinflation, so ist das eigene Vermögen in Form von Sachwerten noch immer besser aufgehoben als in Form von Bargeld. Denn während Papiergeld in einer solchen Phase immer weniger wert ist, behalten Aktien und andere Sachwerte einen gewissen inneren Wert. Wenn Währungen eingestampft und / oder reformiert werden, so bleibt mindestens der große Teil an Aktiengesellschaften erhalten und generiert weiter Erträge. Wir erhalten unsere Dividenden, Ausschüttungen oder Verkaufserlöse dann einfach in einer anderen, vielleicht sogar in einer neuen Währung. Stets vorausgesetzt, wir denken in der langen Frist von vielen Jahren.

Die Antwort auf die Frage, was genau zu tun ist, wenn die Märkte einbrechen und sich Panik ausbreitet, ist für den passiven Anleger daher recht einfach: Wir tun gar nichts und üben uns darin, die Hände sprichwörtlich in den Schoß zu legen. Die eigenen ETFs nicht verkaufen, Portfolios nicht auflösen. Nicht im Crash in andere Assetklassen umschwenken. Bedenken Sie immer: Die weltweiten Kapitalmärkte haben sich – bis auf sehr wenige Ausnahmen, wie zum Beispiel der japanische Nikkei-Index - stets wieder erholt und sind weiter im Wert gestiegen. Ganz gleich, wie groß die zwischenzeitlichen Einbrüche waren. Wer verkauft, weil er mit der großen Masse der Investoren von Panik erfasst wird, der macht aus schlichten Buchverlusten realisierte Verluste: Das Geld ist dann weg. Und – noch schlimmer – er nimmt sich jegliche Option, von wieder ansteigenden Märkten unmittelbar zu profitieren, weil er draußen ist und von der Seitenlinie aus zuschaut.

Nichts zu tun ist allerdings für viele Investoren leichter gesagt als getan. Zu der eigenen Unsicherheit, den eigenen Sorgen in Bezug auf das angelegte Geld kommen nämlich weitere Akteure auf die Bühne, sobald es einmal losgegangen ist. Besonders die Medien helfen gern, eine Panik zu vergrößern. Die Crashgurus werden noch lauter und finden mehr Gehör. Die sogenannten Experten raten am Tiefpunkt der Märkte dazu, nun doch noch schnell alle aktienbasierten Investments aufzulösen und in Gold umzuschwenken, um sein Vermögen zu „retten". Auf solche Ratgeber zu hören, führt jedoch nur zu einem einzigen Ergebnis: Sie realisieren Buchverluste, die spätestens in ein paar Jahren – im Durchschnitt sind es tatsächlich nur zwei Jahre - mit sehr hoher Wahrscheinlichkeit wieder verschwunden sind. Von ganz allein, ohne Ihr Zutun.

Wenn Sie in Panik zu geraten drohen, weil Ihnen die letzten Kursverluste doch Sorgen bereiten, schauen Sie sich den folgenden historischen Kurschart des Dow Jones Industrial Index (oder eines anderen Index) an (s. Abb. 8), suchen Sie gezielt nach den überstandenen Krisen, und halten Sie sich vor Augen, dass jegliche Verluste in den letzten hundert Jahren stets wieder mehr als ausgeglichen wurden.

Abb. 8 Der bekannte Dow Jones Industrial Index vom Jahr 1900 bis zum Jahr 2016 in einer logarithmischen Darstellung. In den letzten mehr als 100 Jahren traten unzählige Krisen auf. Einige sind im Chartbild eingezeichnet. Die schwerste Wirtschaftskrise war die Finanzkrise von 1929, die die Weltwirtschaft mit sich riss und zur „Großen Depression" führte. Es dauerte fast 30 Jahre, bis der DJI wieder sein altes Hoch erreichte. Die meisten - auch die schwerwiegenderen – Krisen sind jedoch im langfristigen Aufwärtstrend nahezu nicht zu erkennen.

Wenn Sie ohnehin Sparpläne nutzen, so lassen Sie sie laufen, sofern sich Ihre persönlichen Voraussetzungen für das Investieren nicht geändert haben. Wenn Sie regelmäßig manuell ETF-Anteile kaufen, tun Sie dies weiter, und zwar mit stoischer Ruhe.

13 Tipps für die Geldanlage mit ETFs

Nachfolgend möchte ich Ihnen einige wichtige Hinweise für die Geldanlage mit ETFs mitgeben. Ein paar davon dürften Ihnen inzwischen schon bekannt sein, denn sie fassen wichtige Inhalte des vorliegenden Buches noch einmal kurz und knapp zusammen, oder sie beleuchten den einen oder anderen Aspekt von einer anderen Seite her.

13.1 Schulden tilgen geht vor Geld anlegen

Tilgen Sie zuerst Ihre bestehenden Schulden, bevor Sie beginnen, an den Kapitalmärkten Geld anzulegen. Andernfalls begeben Sie sich unter Umständen in eine finanzielle Schieflage, wenn unvorhergesehene Dinge passieren.

Ein Beispiel: Ihr Haupteinkommen speist sich aus Ihrem Angestelltenverhältnis. Sie zahlen derzeit eine Immobilie für die Eigennutzung ab. Was passiert, wenn wir einen Wirtschaftseinbruch erleben, der Sie Ihren Job kostet und die Börsen zeitgleich deutlich einbrechen lässt. Verwiesen sei an dieser Stelle schlicht auf die aktuell vorliegende

Coronaviren-Pandemie und ihre teils verheerenden Folgen für viele Unternehmen und deren Mitarbeiterinnen und Mitarbeiter.

Könnten Sie in einer solchen Phase Ihr Darlehen weiter abtragen? Oder müssten Sie dazu Gelder aus Ihrem ETF-Portfolio abziehen und mit unter Umständen hohen Verlusten Wertpapieranteile verkaufen? Mit ausreichend hohen Reserven ließe sich so eine Situation vermeiden. Problematisch ist allerdings, dass die Finanzierung einer Wohnimmobilie meist zuerst einmal nur vergleichsweise geringe Reserven übrig lässt und erst über die Zeit neue aufgebaut werden können.

Wenn Sie aber zu schlechten Kursen Ihr Depot liquidieren müssen, realisieren Sie hohe Buchverluste und haben dennoch nur einen Teilbetrag des ursprünglich investierten Kapitals zur Kredittilgung zur Verfügung. Vermeiden Sie eine solche Situation pauschal, indem Sie erst mit dem Investieren in risikobehaftete Kapitalanlagen beginnen, wenn Ihr Hausdarlehen auf ein übersichtliches Maß geschrumpft ist, oder wenn Sie eine entsprechend hohe Rücklage zur Absicherung besitzen.

Ein weiterer Punkt: Viele Banken und Baufinanzierer bieten eine Reihe kostenfreier Sondertilgungsoptionen an. Von der Seite des Gesamtvermögens aus betrachtet ist es rechnerisch oft sinnvoller, zusätzlich verfügbares Kapital, das man theoretisch an den Kapitalmärkten investieren könnte, in eine vorzeitige Tilgung beziehungsweise

Sondertilgung zu stecken. Der Zinseszins wirkt ja auch auf Schulden. Verkürzen Sie die Zeit, die Sie für die Abzahlung Ihrer Immobilie benötigen, so sparen Sie letztlich also Zins und Zinseszins. Bei den üblicherweise großen absoluten Beträgen, die für eine Wohnimmobilie erforderlich sind, lohnt sich dies in vielen Fällen.

Kreditkartenschulden, Dispokredite und anderweite Konsumkredite kosten Sie normalerweise mehr an Zinsen, als Ihnen eine selbst hundertprozentige Aktienanlage an Rendite zutragen würde. Nutzen Sie zusätzlich verfügbares Budget daher, um diese Art von Kostentreibern abzustellen, und beginnen Sie erst anschließend mit dem Investieren in ETFs.

13.2 Achten Sie stets auf die Kosten

Die Geldanlage mit ETFs zeichnet sich grundsätzlich durch vergleichsweise geringe Kosten aus. Achten Sie dennoch stets darauf, den günstigsten ETF aus einer Reihe vergleichbarer Produkte auszuwählen. Ob die TER 0,4% oder 0,6% im Jahr beträgt, erscheint beim schnellen Hinsehen unerheblich. Auf die lange Frist von 25 oder mehr Jahren hat der Unterschied – dem Zinseszins sei Dank – allerdings erheblichen Einfluss auf das Endergebnis des Investments über die gesamte Laufzeit. Letztlich ist es verschenktes Geld, das Sie der Fondsgesellschaft überlassen, weil Sie sich vielleicht nicht genug Zeit genommen haben, unterschiedliche Produkte und Anbieter zu vergleichen.

13.3 Haben Sie realistische Erwartungen

Im vorliegenden Buch wurden die zu erwartenden Renditen der wichtigsten Assetklassen beschrieben. Mit Hilfe passiver Anlagestrategien, die auf diese Anlageklassen setzen, darf man bei langfristiger Betrachtung mit den genannten Renditen rechnen. Wesentlich für den Erfolg ist, dass der Investor nicht in die Falle gerät, den Markt übertreffen zu wollen, indem er versucht, durch riskante und intransparente Nischen- und Spezialprodukte die Portfoliorendite künstlich nach oben zu treiben. Wie der große Teil der aktiv gemanagten Aktienfonds zeigt, sind solche Versuche in den allermeisten Fällen zum Scheitern verurteilt. Machen Sie sich bewusst, dass Gier und Neid jeden Investor – auch die Profis – befallen können. Wenn Sie sich vor Augen führen, aus welchen Gründen Sie sich für eine passive Anlagestrategie entschieden haben, die auf Diversifikation, geringe Kosten und Ausdauer setzt, dann fällt es Ihnen leichter, schädliche Emotionen von Ihren Entscheidungen als Anleger fernzuhalten.

13.4 Investieren Sie nur in verständliche Produkte

ETFs, die Indizes nachbilden, sind von Natur aus relativ transparente und verständliche Produkte. Dank der Kreativität der emittierenden Fondsgesellschaften kommen allerdings immer mehr und mehr ETFs auf den Markt, die weniger einfach aufgebaut und zu verstehen sind. Wenn Sie auf Produkte treffen, die Ihnen überraschend hohe Renditen zu überraschend geringeren Risiken zu bieten scheinen, seien Sie zuerst einmal skeptisch. Prüfen Sie genau, worum es sich handelt, und ob das Produkt halten kann, was es verspricht. Wenn Sie das vorliegende Buch genau durchgearbeitet haben, sollten Sie hierfür bereits einen ganz guten Blick entwickelt haben, der Ihnen mindestens eine gute Ersteinschätzung erlaubt. Sollten Sie nach Ihrer Analyse Zweifel haben, investieren Sie ganz einfach nicht. Die passive Anlagestrategie zeichnet sich durch Einfachheit aus. Diese sollte nicht aus emotionalen Gründen - wie Gier oder die Angst, Rendite zu verpassen - vorschnell aufgegeben werden.

13.5 Hören Sie nicht auf Experten

Die meisten der sogenannten Experten, die sich mehr oder minder lautstark zu allen möglichen Börsenthemen zu Wort melden, verdienen ihr Geld nicht mit der Richtigkeit ihrer Aussagen. Artikel schreiben, Bücher verkaufen, Interviews geben, teure („sichere") Fondsprodukte verkaufen, auf Konferenzen sprechen, Werbung machen, Provisionen einstreichen sind die klassischen Einnahmequellen von Crashgurus und Börsenapokalyptikern.

Gleiches gilt für die Mehrheit der Bankberater und Vermögensberater: Sie verdienen ihr Geld durch Gebühren und Provisionen, nicht dadurch, dass Sie Ihnen zu finanziellem Anlageerfolg verhelfen. Wenn Sie die Zeit und die Nerven haben, machen Sie sich doch einmal den Spaß und lassen sich in Ihrer Hausbankfiliale zur Geldanlage beraten. Sie werden dort nicht nach Hause gehen, ohne einen Stapel an Investmentfondsprospekten und Informationsbroschüren mit teuren Anlageprodukten erhalten zu haben.

Sich zu Finanzthemen beraten zu lassen kann eine gute Idee sein. Nutzen Sie dafür aber ausschließlich Honorarberater. Sie sind nämlich unabhängig und verdienen an der Beratung selbst, nicht jedoch über eine Provision für verkaufte Produkte. Anhand von Bewertungen und Referenzen lässt sich die Qualität eines Honorarberaters ganz gut abschätzen. Recherchieren Sie hierzu am besten im Internet.

Auch Börsenjournalisten, Nachrichtensprecher und Börsenzeitschriften mit ihren generischen Tipps haben nicht pauschal das Interesse, Ihr Geld für Sie zu vermehren. Es ist schlicht auch nicht deren Aufgabe. Grundsätzlich hat der passive Investor den Vorteil, dass er kurzfristige und mittelfristige Analysen und Prognosen schlicht ignorieren kann. Lassen Sie sich hier also nicht verunsichern oder – schlimmer – zum Kauf, Verkauf oder zur Umschichtung Ihrer Anlagen drängen. Bilden Sie sich im besten Falle stets eine eigene Meinung und halten Sie sich in Erinnerung, was genau die Vorgaben Ihrer Investmentstrategie sind.

13.6 Risiko und Rendite gehören zusammen

Höhere Renditen gehen beim passiven Investieren mit höherem Risiko einher. Oder anders: Es gibt keine hohen Renditen ohne entsprechendes Risiko. Diesen Grundsatz gilt es schlicht zu akzeptieren. Wenn Sie den risikoreichen Anteil im Depot vergrößern, können Sie die zu erwartende durchschnittliche Rendite steigern. Allerdings wird sich auch die Volatilität des Portfolios erhöhen, und der in Krisenzeiten auftretende maximale Buchverlust wird vermutlich höher sein. Dies ist völlig in Ordnung, wenn Sie damit leben können. Falls Sie aber nervös werden, wenn die Kurse einbrechen, und in Erwägung ziehen, Ihre Geldanlage aufzulösen, um Ihr restliches Kapital zu retten, dann ist Ihr eingegangenes Portfoliorisiko zu hoch. Leider merkt man dies letztlich erst dann, wenn die entsprechende Situation bereits eingetreten ist. Nehmen Sie sich deshalb besonders als Einsteiger ausreichend Zeit, um Ihre eigene Risikotoleranz genau zu ergründen, und gehen Sie zu Beginn eher weniger als mehr Risiko ein.

Wenn Sie nach dem ersten handfesten Crash bemerken, dass Sie gut damit klarkommen, können Sie das Portfoliorisiko noch immer Stück für Stück etwas hochfahren. Der einfachste und bequemste Weg zur Risikosteuerung verläuft über die Gewichtung vom risikoreichen und risikoarmen Depotanteil.

Schauen wir uns noch einmal im Detail an, wie sich die unterschiedliche Gewichtung der zwei grundlegenden Komponenten auf die Portfoliorendite auswirkt.

Betrachten wir hierzu ein einfaches Portfolio, das lediglich aus einem Aktien-ETF auf den MSCI ACWI Index besteht (Wertpapierkennummer A1JMDF), sowie aus einem Anleihen-ETF auf kurzlaufenden deutsche Staatsanleihen (Wertpapierkennummer 628947).

Hieraus erstellen wir insgesamt vier Portfolioversionen mit einer unterschiedlichen Gewichtung der zwei ETFs und schauen uns an, welche Renditen sie über die letzten paar

Jahre erwirtschaftet haben und wie hoch der maximale Verlust während der Betrachtungsperiode war. Wir wählen die in Tab. 4 angegebene Aufteilung.

Portfolio	**Zusammensetzung**
Aktien	100% Aktien-ETF
70:30	70% Aktien-ETF + 30% Anleihen-ETF
60:40	60% Aktien-ETF + 60% Anleihen-ETF
30:70	30% Aktien-ETF + 70% Anleihen-ETF

Tabelle 4 Aufteilung der Portfolios

Wir starten mit unserer Analyse im Juli 2016 und tragen die monatliche Performance bis zum Januar 2021 als Diagramm auf, basierend auf dem Schlusskurs des betreffenden Monats.

Für unsere vier Portfolios erhalten wir die folgenden Kurscharts (Abb. 9). Wir geben die Werte hier nicht in absoluten Preisen an, sondern in Prozent, um eine bessere Vergleichbarkeit zu erhalten.

Es lässt sich gut erkennen, wie mit geringerem Anteil des risikoarmen Anleihen-ETFs die Gesamtperformance abnimmt. Gleichzeitig verringert sich allerdings auch deutlich die Schwankungsbreite sowie der maximale Verlust im Portfolio.

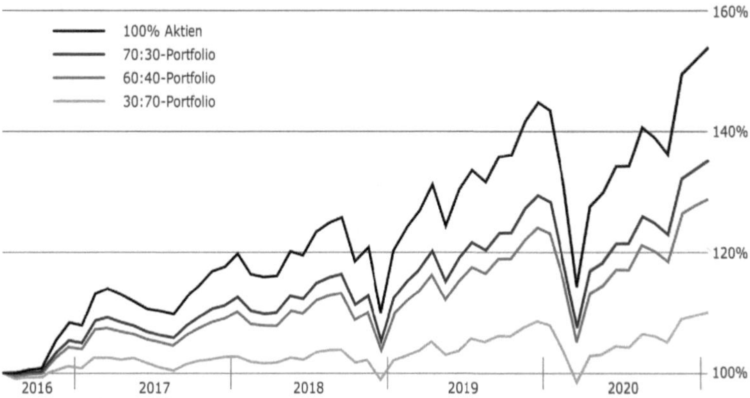

Abb. 9 Die Renditen der vier Portfolios mit unterschiedlicher Gewichtung des risikoarmen Anteils von Juli 2016 bis Januar 2021. Sowohl Ausmaß der Wertschwankungen als auch die Gesamtrendite nehmen mit Erhöhung des risikoarmen Depotanteils ab. Der Börsencrash im März 2020 ist ein gutes Beispiel für einen recht dramatischen Einbruch. Er markiert im abgebildeten Zeitraum den größten Buchverlust.

Und die zugehörigen Zahlenwerte:

Portfolio	**Gesamtrendite**	**Durchschn. Rendite pro Jahr**	**Max. Verlust**
Aktien	53,85%	11,74%	-21,09%
70:30	35,15%	7,67%	-16,88%
60:40	28,90%	6,31%	-15,24%
30:70	10,21%	2,23%	-9,40%

Tabelle 5 Renditen und maximale Verluste der untersuchten Portfolios

Es ist offensichtlich ein gravierender Effekt, welcher der Gewichtung der Portfolioelemente zukommt. Der maximale Verlust ist oft genau das, was bei vielen Investoren zu stark erhöhter Nervosität führt, meist in Abhängigkeit von den absoluten Beträgen. Er lässt sich durch einen geringeren Anteil des risikobehafteten Anteils stark reduzieren, allerdings auf Kosten der zu erwartenden Rendite. Denn: Rendite und Risiko gehören beim passiven Investieren eben stets zusammen.

13.7 Achten Sie auf Diversifikation

Diversifikation ist das tragende Element eines passiven ETF-Portfolios. Dieses Thema wurde im vorliegenden Buch deshalb intensiv behandelt. Nur durch eine ausreichende Streuung ist die übermäßige Abhängigkeit von einem Asset beziehungsweise einer Anlageklasse reduzierbar und das Portfolio entsprechend der eigenen Risikotoleranz einstellbar. Mit ETFs gelingt auf Portfolioebene eine hohe Diversifikation mit sehr geringem Aufwand. Halten Sie stets im Hinterkopf, dass die Risikostreuung ein Dauerthema ist, und überprüfen Sie mit steigendem Vermögen in gewissen Abständen, ob es sich anbietet, durch die Aufnahme eines weiteren ETFs aus einer anderen Assetklasse mehr zu diversifizieren.

13.8 Vertrauen Sie auf Ihre Strategie

Wenn Sie sich einmal für das passive Investieren mittels ETFs entschieden haben, dann lassen Sie sich nicht verunsichern. Haben Sie sich in angemessenem Umfang Gedanken dazu gemacht, wie ein für Sie passendes ETF-Portfolio aussehen soll, dann kennen Sie viele gute Gründe, warum Ihre Strategie langfristig funktionieren sollte. Haben Sie daher das erforderliche Vertrauen, auch in schwierigen Zeiten an Investmentstrategie festzuhalten. Wer regelmäßig seine Strategie wechselt und umschichtet, der zahlt Transaktionskosten und auch Rendite. Vor allem aber nimmt er sich auf diese Weise in vielen Fällen die Möglichkeit, langfristig erfolgreich zu investieren. Denn langfristiger Erfolg erfordert beim passiven Investieren - und auch bei aktiven Tradingstrategien – zwingend Kontinuität.

13.9 Seien Sie geduldig

Geduld ist für den Erfolg eines Investments von immenser Bedeutung. Der Zinseszinseffekt, der letztlich für ein echtes Wachstum Ihres Vermögens sorgt, wirkt über die Zeit. Je mehr Zeit, desto stärker das Vermögenswachstum. Die zu erwartenden Durchschnittsrenditen der einzelnen Anlageklassen gelten für die lange Frist. Es wird Jahre geben, in denen Sie mit Ihrem ETF-Portfolio kaum Geld verdienen oder sogar welches verlieren. Und es wird Jahre geben, in denen Verluste wieder wettgemacht und neue Höchststände erreicht werden. Wer ungeduldig wird, weil das eigene Vermögen nicht schnell genug wächst, der geht nicht selten erhöhte Risiken ein, die letztlich zu größeren Verlusten führen können, die auch in guten Börsenjahren unter Umständen nicht unmittelbar wieder auszugleichen sind.

Geduldig zu sein bedeutet für den passiven ETF-Investor konsequent zu warten und – bis auf das erforderliche Rebalancing und die regulären Zukäufe – ganz einfach wirklich nichts zu tun.

In unserer Welt sind wir es gewohnt, dass ohne Arbeit auch kein Erfolg eintreten kann. Nicht umsonst heißt es ja: „Ohne Fleiß kein Preis". Für unser passives Investieren gilt dies explizit nicht, und hier liegt in gewisser Weise die Schwierigkeit für viele Menschen. Unser Kopf sagt: „Deine Performance stimmt nicht. Tu doch endlich etwas" oder „die Börsenmärkte brechen ein. Mach endlich etwas dagegen". Doch dies ist für uns passive Investoren kontraproduktiv. Wer zu aktiv ist, oder – negativ ausgedrückt – wem es an Geduld mangelt, der bezahlt am Ende mit einem schlechteren Ergebnis. Die Investmentstrategie gibt die Regeln vor, nach denen wir Investoren handeln. Und die Regel sagt: Handle durch Nichtstun.

13.10 Sitzen Sie Crashs und Bärenmärkte aus

Der nächste Crash kommt mit Sicherheit. So viel steht auf jeden Fall fest. Die Frage ist schlicht, wann es wieder so weit ist. Die Vergangenheit zeigt, dass in jeder Dekade mindestens mit einem deutlichen Einbruch an den Börsen zu rechnen ist. In der langen Frist lassen sich fallende Kurse und fallende Depotwerte nicht vermeiden. Sie wurden in der Vergangenheit aber stets wieder aufgeholt und überholt. In den vorhergehenden Kapiteln wurde dargelegt, dass das konsequente, ja nahezu stoische Aussitzen von Bärenmärkten die einzig sinnvolle Option für den passiven Investor ist, mit fallenden Kursen umzugehen. Wer die Nerven verliert, der verkauft oft zu spät und um den Tiefpunkt der Märkte herum und verpasst anschließend den Wiedereinstieg.

Vielfach wird – besonders im Bereich des aktiven Tradings – empfohlen, als Absicherung gegen Kursverluste mit einem sogenannten Stop-Loss zu arbeiten. Hierunter versteht man einen speziellen Ordertyp. Eine Stop-Loss Order nutzt man mit dem Ziel, einen ETF (oder eine Aktie etc.) automatisch zu verkaufen, wenn eine bestimmte Kursmarke nach unten durchbrochen wird, um das investierte Kapital abzusichern. Verzichten Sie auf solche aktiven Eingriffe in das Investment. Zum einen verursachen sie unter Umständen auf Dauer deutlich hohe Transaktionskosten. Zum anderen funktioniert ein Stop-Loss oft einfach nicht, so dass die auftretenden Verluste dennoch deutlich höher ausfallen als erwartet. Dieser spezielle Ordertyp sorgt nämlich dafür, dass, sobald ein bestimmter Kurs unterschritten wird, zum nächstbesten Kurs verkauft wird. Es wird eine sogenannte Market-Order aktiviert. Ist der nächstbeste Kurs deutlich unter der vom Investor angegebenen Stopp-Loss Marke, was ziemlich oft vorkommt, so wird zum tieferen Kurs ausgeführt. Sie machen einen größeren Verlust, als Sie geplant haben.

Ist man erst einmal aus dem Markt heraus, so stellt sich die Frage, wann es wieder einzusteigen gilt. Springt der ETF nämlich unmittelbar nach dem Ausstieg wieder an, so nimmt man an der Aufholjagd erst einmal nicht teil, und ist schnell in der Versuchung, sofort wieder einzusteigen. Doch was, wenn es sich nun nur um eine kurze Erholung handelt und anschließend weiter nach unten geht? Wieder aussteigen? Diesmal aussitzen? Wir gelangen hier sehr schnell in das aktive Trading hinein, das in den meisten Fällen nur einer Partei Gewinne bringt: Dem Broker, der die Transaktionskosten kassiert.

Verzichten Sie auf den Stress und versuchen Sie nicht, den Markt in solchen Situationen zu traden. Verzichten Sie auf Stopp-Loss Orders, wenn Sie eine passive Investmentstrategie verfolgen. Vertrauen Sie auf Ihren Ansatz.

13.11 Nutzen Sie den risikoarmen Teil nicht für Rendite

Immer wieder kommt von Investoren, die sich erst seit relativ kurzer Zeit mit dem Investieren in ETFs beschäftigen, die Frage auf, ob man nicht die kurzlaufenden Staatsanleihen höchster Bonität gegen länger laufende Anleihen oder am besten gegen langlaufende Schwellenländeranleihen eintauschen sollte, da Letztere auch heutzutage noch eine deutlich positive Rendite einbringen. Es wurde bereits ausführlich diskutiert, warum dies keine gute Option ist. Der risikoarme Portfolioanteil ist nicht dazu da, um Rendite zu erwirtschaften, sondern um das Gesamtrisiko des passiven ETF-Portfolios einzustellen und zu managen.

Wenn Sie in Schwellenländer-Anleihen investieren möchten, dann können Sie das gern tun. Die entsprechenden ETFs müssen dann aber als Bestandteil des risikobehafteten Portfolioteils betrachtet werden. Reduzieren Sie entsprechend Ihren Anteil an Aktien-ETFs. Lassen Sie den risikoarmen Anteil aber unbedingt unangetastet, sonst holen Sie sich unter Umständen eine deutlich höhere Schwankungsbreite oder sogar Ausfallrisiken ins Depot.

13.12 Fallen Sie nicht auf aktiv gemanagte ETFs herein

Aktiv gemanagte Investmentfonds bieten langfristig keinerlei Vorteile gegenüber passiven Produkten. Dies gilt auch für entsprechende ETFs. Lassen Sie sich nicht überreden, derartige Produkte zu nutzen, in dem Glauben, Sie würden damit Ihre Portfoliorendite steigern. Mit einer hohen Wahrscheinlichkeit wird dies nämlich nicht der Tatsache entsprechen. Verlassen Sie sich auf Ihre passive Anlagestrategie, seien Sie geduldig, seien Sie nicht gierig und lassen Sie die Zeit ihre Arbeit tun. Mit aktiv gemanagten Produkten werden Sie den historischen Daten nach langfristig nicht die Performance erreichen, die Sie mit einer rein passiven Geldanlage schaffen können.

13.13 Nehmen Sie sich Zeit für die Erstellung des Portfolios

Ein komplettes ETF-Portfolio ist innerhalb weniger Minuten aufgesetzt. Dies bedeutet aber nicht, dass man auch nur wenige Minuten mit der Erstellung verbringen sollte. Das gilt besonders dann, wenn Sie Einsteiger sind und gerade Ihre ersten Schritte an die Kapitalmärkte wagen. Im Verlauf des vorliegenden Buches haben Sie eine ganze Reihe von Informationen erhalten, die es beim Aufbau eines passiven ETF-Depots zu beachten gilt. Wenn Sie damit beginnen, ein für sich passendes Investment zusammenzustellen, dann nehmen Sie sich dafür eher zu viel Zeit als zu wenig. Schauen Sie sich alle Details sehr gut an, versuchen Sie, ein Gefühl für die unterschiedlichen Produkte zu bekommen. Vergleichen Sie viel. Ein wesentlicher Aspekt war der Kostenaspekt. ETFs mit gleichen Eigenschaften haben unter Umständen deutlich geringere Kosten, wenn man bei einem alternativen Anbieter nachsieht.

Schauen Sie sich ruhig auch einmal langfristige Kurscharts der großen Indizes an: Wie sind diese durch die letzten großen Krisen gekommen? Wie viel haben sie maximal verloren? Wie lange dauerte es, bis sie ihren ursprünglichen Wert wieder erreicht hatten? Diese Informationen fließen letztlich in die eigene ETF-Strategie mit ein, besonders im Hinblick auf das Verhältnis von risikoreichem zu risikoarmem Anteil. Wer sich zu Beginn seiner Investorenkarriere die erforderliche Zeit und Ruhe nimmt, der wird langfristig einen größeren Erfolg haben.

14 Tipps zur Wahl des Depotanbieters

Ein Wertpapierdepot bieten im Grunde eigentlich alle Banken an. Es gibt aber sehr große Unterschiede bei den Kosten und den Leistungen. Wenn Sie bei Ihrer Hausbank bleiben und neben Girokonto und beispielsweise Tagesgeldkonto auch Ihr ETF-Depot einrichten möchten, so fragen Sie zumindest nach einem Online-Depot beziehungsweise der kostengünstigsten Depotvariante. So sparen Sie normalerweise deutlich an Gebühren.

Viel günstiger sind Sie aber bei Online-Direktbanken oder reinen Onlinebrokern aufgehoben. Direktbanken bieten die meisten Leistungen einer Filialbank, nur dass Sie - mangels Filialen - sämtliche Vorgänge online erledigen müssen. Inzwischen haben viele Onlinebanken ausgezeichnete Telefon- und Chat-Hotlines, die teils bis spät in die Nacht erreichbar sind. So finden Sie bei etwa auftretenden Fragen oder Problemen schnell einen Ansprechpartner. Depot und Verrechnungskonten sind bei vielen, aber nicht bei allen, Onlinebanken kostenlos. Die Transaktionskosten für den Handel von ETFs sind bei Direktbanken niedriger als bei Filialbanken. Sie kommen kostentechnisch aber nicht an die spezialisierten Broker heran, die tendenziell am günstigsten sind, aber zumindest aktuell noch oft mit Abstrichen. Im Folgenden stelle ich Ihnen kurz das Angebot der Direktbanken Comdirect und Consorsbank vor, wobei ich die Consorsbank selbst für meine ETF-Engagements nutze.

Die niedrigsten Gebühren und Transaktionskosten erhalten Sie bei spezialisierten Onlinebrokern. Sie zahlen meist eine einheitliche Gebühr unabhängig von der Ordergröße. Weitere Bankgeschäfte sind meist nicht möglich, und auch das Angebot an handelbaren Börseninstrumenten ist im Vergleich zu den Direktbanken oft eingeschränkt. Bei der Wahl kommt es ganz darauf an, was Sie handeln möchten. Im Rahmen unseres ETF-Depots stelle ich Ihnen nachfolgend kurz die Onlinebroker Smart-Broker, Scalable und Trade Republic vor. Ich selbst nutze derzeit allerdings keinen dieser Broker, weil ich mich bei meiner Direktbank seit vielen Jahren sehr gut aufgehoben fühle. Würde ich mir ein völlig neues ETF-Depot einrichten, dann würde ich vermutlich einen der Onlinebroker wählen.

14.1 Consorsbank

Ich selbst nutze seit mehr als 20 Jahren die Consorsbank, früher Consors, für meine ETF-Investments und für einen Teil meiner Aktiengeschäfte. Die Direktbank erhebt höhere Gebühren als die spezialisierten Onlinebroker, allerdings überwiegen für mich persönlich die Vorteile: Es ist eine große Zahl an ETFs handelbar, für mehr als 600 davon sind Sparpläne verfügbar. Es besteht Zugang zu unzähligen inländischen und ausländischen Börsen, wobei ich für ETF-Käufe ausschließlich Xetra und die außerbörsliche Plattform Tradegate nutze.

Die regulären Ordergebühren belaufen sich aktuell auf 4,95 Euro plus 0,25 Prozent des Orderbetrags, minimal 9,95 Euro. Die Depotführung ist kostenlos. Sparpläne werden pauschal mit einer Gebühr von 1,5% des Sparbetrags belegt. Die Bank bietet auch ein Tagesgeldkonto und - wer es braucht - ein Girokonto. Es gibt eine App, die gut funktioniert und übersichtlich gestaltet ist. Die Benutzeroberfläche ist übersichtlich, das Aufgeben einer Order geht komfortabel und transparent.

Die Einlagensicherung beläuft sich auf die gesetzlich vorgeschriebenen 100.000 Euro, zu denen sich eine weitergehende Sicherung bis 120 Millionen Euro pro Kunde gesellt. Sie ergibt sich aus der Mitgliedschaft der französischen Muttergesellschaft BNP Paribas S.A. im französischen Einlagensicherungsfonds „Fonds de Garantie des Dépôts“.

Der Kundenservice wird von mir sporadisch immer mal genutzt und ist in den letzten Jahren immer weiter verbessert worden. Inzwischen darf ich ihn als sehr gut bezeichnen. In seltenen Fällen kontaktierte ich ihn auch schon nach 21 Uhr abends, um die eine oder andere Frage zu stellen. In bislang jedem Fall wurde mir gut und vor allem schnell geholfen.

14.2 Comdirect

Comdirect würde ich als direkten Konkurrenten der Consorsbank bezeichnen. Angebot, Service und auch Kosten sind deshalb sehr ähnlich. Ein wichtiger Unterschied ist, dass das ETF-Depot bei der Comdirect grundsätzlich etwa 23 Euro im Jahr kostet. Diese Gebühr entfällt in den ersten drei Jahren der Kundschaft, bei gleichzeitiger Nutzung eines Girokontos, sowie - hier wird das Ganze interessant für ETF-Anleger - bei regelmäßiger Ausführung eines ETF-Sparplans.

Die regulären Ordergebühren belaufen sich aktuell auf 4,90 Euro plus 0,25 Prozent des Orderbetrags, minimal 9,90 Euro. Sparpläne werden pauschal mit einer Gebühr von 1,5% des Sparbetrags belegt. Besparbar sind auch hier mehr als 600 ETFs.

Wer für seine Kinder ein ETF-Depot einrichten möchte, der findet bei Comdirect das JuniorDepot, für das es viele ETFs zu vergünstigten Konditionen gibt. Die Einlagensicherung beläuft sich auf die gesetzlich vorgeschriebenen 100.000 Euro. Zusätzlich ist die Direktbank dem freiwilligen Einlagensicherungsfonds des Bundesverbandes deutscher

Banken angeschlossen.

14.3 Smartbroker

Smartbroker ist seit 2019 auf dem Markt. Die Depotführung übernimmt die DAB BNP Paribas für den Broker. Der in Berlin ansässige Anbieter zeichnet sich durch sehr geringe Ordergebühren aus. Orders über 500 Euro sind mit 0 Euro (über Gettex) beziehungsweise mit 1 Euro (über Lang & Schwarz) Gebühren verbunden. Für Orders unterhalb 500 Euro Ordervolumen zahlt der Kunde einheitlich 4 Euro. Sparpläne kosten 0,2% des Sparbetrags. Derzeit bietet Smartbroker mehr als 600 ETFs zum Handel an, 270 hiervon können kostenlos bespart werden.

Depot, Tagesgeldkonto und Verrechnungskonto ist grundsätzlich kostenfrei. Bei einer Bargeldquote von mehr als 15% des Depotwertes erhebt Smartbroker derzeit allerdings einen Negativzins von -0,5% pro Jahr. Für mich ist dies ein Kritikpunkt, denn manche Investoren können durch eine solche an den Cashbestand gekoppelte Gebühr gegebenenfalls in Zugzwang geraten, verfügbares Geld schnellstmöglich anzulegen. Dies widerspricht ein wenig unserer Vorgehensweise, nach der besonders der Einsteiger langsam mit dem Investieren beginnen sollte.

Auch Smartbroker unterliegt der gesetzlichen Pflicht im Hinblick auf die Einlagensicherung, die mit 100.000 Euro festgesetzt ist.

14.4 Scalable Capital

Scalable ist ebenfalls ein recht neuer Broker, der sich besonders im Bereich der Roboadvisor, der automatisierten Portfoliogestaltung, einen Namen gemacht hat. Der Onlinebroker bietet drei unterschiedliche Depotmodelle, von denen eines kostenlos ist, zwei sind kostenpflichtig. Die kostenpflichtigen Modelle erlauben den Handel von ETFs, Aktien und anderen Finanzinstrumenten ohne Transaktionsgebühren. Bei Nutzung des kostenlosen Depots zahlt man je Transaktion 0,99 Euro, was ein guter Preis ist, verglichen mit den Direkt- und Filialbanken.

Das Wertpapierdepot bei Scalable ist kostenlos. Tagesgeld oder Festgeld kann über den Kooperationspartner Weltsparen abgeschlossen werden.

Scalable hat knapp 1.300 ETFs zur Auswahl, die auch alle via Sparplan bespart werden können. Mögliche Handelsplätze sind Gettex und Xetra.

Bei Scalable gibt es keine Kundenberatung, aber einen Service-Chat und eine Telefon-Hotline zur schnellen Hilfe bei Problemen.

Die Einlagensicherung beträgt auch hier 100.000 Euro.

14.5 Trade Republic

Trade Republic ist ebenfalls ein Berliner Start-up, das seit 2019 auf dem Markt ist. Der Broker zeichnet sich durch sehr geringe Gebühren aus: Eine Order kostet pauschal 1 Euro. ETF-Sparpläne sind kostenlos, ebenso die komplette Kontoführung.

Der Handel ist bei Trade Republic ausschließlich über den Handelspartner Lang & Schwarz möglich. Für mich persönlich ist dies ein Kritikpunkt, denn bei diesem Anbieter ist die Liquidität oft nicht in erforderlichem Maß vorhanden, so dass Orders unter Umständen nur schleppend ausgeführt werden oder zu ungünstigen Preisen, sofern keine Limit-Order genutzt wird. Ich favorisiere den Handel über Xetra und Tradegate, wo es solche Probleme eigentlich nicht gibt. Diese Handelsplätze können mit Trade Republic aber aktuell nicht genutzt werden.

Momentan bietet Trade Republic den Handel von etwas mehr als 500 ETFs an, von denen etwa 300 via Sparplan bespart werden können.

Um Trade Republic verwenden zu können, ist zwingend ein Smartphone erforderlich, denn der Broker lässt sich nur via App nutzen. Auch hier entspricht die Einlagensicherung den gesetzlichen Vorgaben von 100.000 Euro.

Zusammenfassend lässt sich sagen, dass die Direktbanken deutlich günstiger für den ETF-Anleger sind als die Filialbanken. Die reinen Onlinebroker stehen kostentechnisch am besten da. Die Kosten und Gebühren allein sollten aber nicht Entscheidungskriterium sein. Im Hinblick auf die Servicequalität, das Angebot an handelbaren Wertpapieren, die angebotenen Handelsplätze, die Benutzeroberfläche empfinde ich persönlich die vorgestellten Direktbanken als einen guten Kompromiss, auch wenn die Gebühren etwas höher sind als bei den spezialisierten Brokern. Sie bieten tendenziell mehr Möglichkeiten, was den Handel angeht, und auch mehr Service, der vielleicht besonders für den Einsteiger in der ersten Zeit hin und wieder ganz nützlich ist. Hier kommt es aber ganz auf die eigenen Ansprüche und Anforderungen an.

15 Schlusswort

Nun sind wir am Schluss des Buches angelangt. Ich hoffe, ich konnte Ihnen, liebe Leserin und lieber Leser, einen guten und detailreichen, aber nicht erdrückend detaillierten Einblick in die Welt der ETFs und die vielfältigen Möglichkeiten bieten, die diese Produkte den privaten Anlegern zur Verfügung stellen. Im Grunde genommen kann man sagen, dass es für uns private Investoren nie einfacher war, Geld anzulegen als heutzutage und dank der börsengehandelten Fonds. Ich hoffe, ich konnte Ihnen zeigen, dass das Engagement an den Börsen weder reine Zockerei ist, noch mit unabwägbaren Risiken einhergehen muss. Vorausgesetzt, man ein wenig weiß, was man tut, wie man sich wann verhalten soll und was man unterlassen sollte.

Die Lektüre dieses Buches hat Ihnen viel von dem Handwerkszeug zur Verfügung gestellt, was für ein eigenverantwortliches Handeln im Hinblick auf das langfristige Investieren erforderlich ist.

Nun liegt es an Ihnen, die ersten Schritte an die Kapitalmärkte zu wagen. Lassen Sie sich für diese ersten Schritte Zeit. Informieren Sie sich weiter und bleiben Sie auf dem Laufenden. Mit Geduld und Kontinuität wird es auch

Ihnen gelingen, sich ein kleineres oder größeres Vermögen aufzubauen, mit dem Sie sich ein wenig unabhängiger von den äußeren Umständen machen, von zukünftigen Rentenzahlungen unbekannter Höhe, von der Verpflichtung, bis zum Rentenalter zu arbeiten, und mit dem Sie Ihren Kindern eine gute finanzielle Unterstützung für die eigenen ersten Schritte mitgeben können.

Wenn Sie Fragen oder Feedback zum Buch oder zu einzelnen Aspekten haben, so freue ich mich auf Ihre Rückmeldung. Nutzen Sie gern die ganz vorn im Buch angegebene Email-Adresse und schreiben Sie mir.

Für Ihren weiteren Weg als Investorin und Investor wünsche ich Ihnen alles Gute!

René von der Forst

16 Glossar

Abwertung / Aufwertung einer Währung

Wertverlust beziehungsweise Wertzuwachs einer Währung im Vergleich zu einer anderen Währung. Der Wechselkurs fällt beziehungsweise steigt.

Aktives Investieren

Der Versuch, durch aktives Eingreifen in ein Investment (Stock-picking, Market-Timing und andere Methoden) eine bessere Performance zu erreichen, als der breite Gesamtmarkt oder eine Benchmark bietet. Für die meisten Anleger und auch für die meisten aktiven Fonds funktionieren aktive Anlagestrategien in der langen Frist nicht.

Allzeithoch

Ein Allzeithoch bezeichnet den höchsten Kurswert oder Preis, den ein Wertpapier oder Asset jemals erreicht hat.

Asset

Siehe Vermögenswert.

Assetklasse

Auch Anlageklasse. Es handelt sich um eine Gruppe von Kapitalanlagen, die ähnliche Eigenschaften aufweisen. Für uns relevante Assetklassen sind beispielsweise Aktien, Anleihen, Rohstoffe.

Bärenmarkt

Auch Baisse genannt. Länger andauernder Kursverfall an der Börse. Ursache ist meist das schwindende Vertrauen der Anleger in den Markt infolge einer abschwächenden Konjunktur. Bärenmärkte können Monate oder auch Jahre anhalten. Die meisten Bärenmärkte sind jedoch innerhalb von zwei Jahren beendet.

Bonitätsrisiko

Beschreibt die Höhe des Risikos, das sich die Zahlungsfähigkeit eines Schuldners (beispielsweise ein Anleihen-Emittent) innerhalb eines betrachteten Zeitraums verschlechtert. Das Bonitätsrisiko für Anleihen (Staaten und Unternehmen) wird durch Ratingagenturen bestimmt. Es reicht von Aaa (beste Bonität, Ausfallrisiko auch langfristig zu vernachlässigen) über B-Ratings (durchschnittliche Bonität, hohes Risiko, spekulative Anlage, Junk Bonds) bis C (bereits in Zahlungsverzug).

Bullenmarkt

Ein Bullenmarkt ist der Zustand der Aktienmärkte beziehungsweise des betrachteten Finanzmarktes, in dem die Preise steigen. Bullenmärkte neigen dazu, über Monate oder Jahre anzudauern. Sie sind den historischen Daten nach generell länger andauernd als Bärenmärkte.

Buy and Hold

Zu Deutsch: kaufen und halten. Es handelt sich um eine Anlagestrategie, die darauf beruht, dass man Assets, Aktien, ETFs kauft und dauerhaft hält. Zwischenzeitliches Verkaufen wird explizit unterlassen, da die Strategie annimmt, dass durch wiederholtes Kaufen und Verkaufen nach Kosten und Steuern eher eine schlechtere Performance, als die des Gesamtmarktes erzielt wird.

Crash

Börsenkrach, sehr starker Kurseinbruch. Gemeint ist der Absturz der Börsenmärkte oder eines einzelnen Marktes. Die Dauer ist meist einige Tage bis einige Wochen. Längere

Einbrüche und kontinuierliche Abwärtsbewegungen nennt man Bärenmärkte.

Derivat

Derivate sind Finanzinstrumente, deren Preise sich von den Kursschwankungen oder der Preisentwicklung anderer Finanzinstrumente (des sogenannten Basiswertes) ableiten. Derivate sind oft so konstruiert, dass sie die Möglichkeit bieten, das eigene Kapital zu hebeln. Hieraus ergeben sich Chancen, allerdings auch erhebliche Risiken. Zu den Derivaten zählen beispielsweise Optionsscheine, Futures, Optionen, Hebelzertifikate, allgemein Zertifikate.

Dividende

(Regelmäßige) Ausschüttung von Teilen des Unternehmensgewinns eines börsennotierten Unternehmens an die Aktionäre. Die Ausschüttung erfolgt bei deutschen und europäischen Unternehmen meist ein Mal pro Jahr, manchmal halbjährig. US-Unternehmen schütten meist quartalsweise Dividenden aus, einige auch monatlich.

Dividendenrendite

Verhältnis aus von einem Unternehmen gezahlter Dividende und seinem aktuellen Aktienkurs.

Einlagensicherung

Die gesetzliche Einlagensicherung wird in Deutschland durch das Einlagensicherungs- und Anlegerentschädigungsgesetz aus dem Jahr 1998 geregelt. Sie soll dem Kunden von deutschen Banken einen wirksamen Schutz gegen eventuelle Schäden am Vermögen durch Zahlungsunfähigkeit oder Überschuldung bieten. Bargeldeinlagen wie Tagesgeld, Girokontengelder, Sparbücher sind im Prinzip ein Kredit, den der Kunde einer Bank zur Verfügung stellt. Derartige Kredite sind grundsätzlich mit Risiken verbunden. Die Einlagensicherung soll Ausfallrisiken zumindest bis zu einem gesetzlich verpflichtenden Betrag von 100.000 Euro eliminieren: Es sind 100% der Einlagen bis zu diesem Höchstbetrag geschützt. Höhere Beträge können - je nach Kreditinstitut - auf freiwilliger Basis einer Einlagensicherung unterliegen. ETFs, Fonds, Aktien sind in der Einlagensicherung nicht enthalten. Sie sind als sogenanntes Sondervermögen aber auch im Insolvenzfalle der Depotbank oder Hausbank vor Verlust und vor anderen Gläubigern geschützt, da die Bank für diese Wertpapiere lediglich Verwahrstelle ist.

Erwartetes Risiko

Siehe Erwartungsrendite.

Erwartungsrendite

Langfristig bieten unterschiedliche Assetklassen verschieden hohe Renditen. Diese werden nach bestimmten Methoden aus Daten der Vergangenheit errechnet und auf die Zukunft projiziert. Auch wenn wir aus den Performancedaten der Vergangenheit nicht automatisch auf die zukünftige Entwicklung schließen dürfen, so ist die erwartete Rendite der bestmögliche Prognosewert, der zur Verfügung steht. Das Gegenstück ist das Erwartungsrisiko.

ETC

Exchange Traded Commodity, an der Börse gehandelte Schuldverschreibungen ohne Laufzeitbegrenzung, mit denen man in einzelne Rohstoffe, wie Gold, Silber, Öl investieren kann. Es liegt keine Einlagensicherung vor, wie sie für ETFs gilt!

ETF

ETF ist die Abkürzung für Exchange Traded Fund, börsengehandelter Fonds.

Europäische Zentralbank, EZB

Die Europäische Zentralbank verwaltet den Euro und ist für die Gestaltung und Durchführung der Wirtschafts- und Währungspolitik zuständig. Ihr wichtigstes Ziel ist die Preisstabilität, mit der das Wirtschaftswachstum und die Schaffung von Arbeitsplätzen unterstützt werden. Hierzu versucht sie etwa, mittels geldpolitischer Maßnahmen (beispielsweise Leitzinsanpassungen) die Inflation auf einem erklärten Ziel von durchschnittlich zwei Prozent pro Jahr zu halten.

Future

Futures sind Derivate. Sie sind Termingeschäfte, die über Börsenhandelsplätze gekauft und verkauft und mit denen standardisierte Güterpakete zu festen Konditionen auf Termin gehandelt werden können. Futures gibt es beispielsweise für Devisen, Rohstoffe, Börsenindizes.

Geldentwertung

Siehe Inflation.

Gesamtkostenquote (TER, Total Expense Ratio)

Die Gesamtkostenquote beschreibt die Summe der Gebühren und Kosten eines ETFs als prozentualer Anteil vom Fondsvermögen in einem Geschäftsjahr. Sie umfasst alle pauschalen Gebühren, die für Vertrieb, Management und Aufbewahrung der vom ETF gekauften Aktien anfallen. Variable Gebühren, wie die Transaktionskosten und Swap-Gebühren sind nicht enthalten. Die TER bildet also nicht die tatsächlichen Gesamtkosten eines Fonds oder ETFs ab.

Hedging

Der Versuch, sich gegen Buchverluste aufgrund von Wertschwankungen und Kurseinbrüchen abzusichern. Zur Anwendung kommen unterschiedliche Instrumente, wie Futures, inverse ETFs oder Leerverkäufe. Absicherungen können durchaus greifen, aber es ergibt sich stets das Problem des richtigen Timings: Wann genau kommt er Einbruch? Kommt er überhaupt? Kommt er morgen oder erst in zehn Wochen? Oder gar nicht? Hedgings kosten immer (viel) Geld, was zulasten der Rendite geht. Untersuchungen zeigen, dass es in den meisten Fällen nicht lohnt, solche Methoden zu nutzen. Ein reines passives Investieren mit dem Aussitzen von zeitweisen Kurseinbrüchen führen nahezu immer zu einer besseren Gesamtrendite.

Höchste Bonität

Siehe Bonitätsrisiko.

Honorarberater

Finanzberater, der keinerlei versteckte Provisionen und andere Vergütungen von Anbietern von Finanzprodukten erhält, sondern rein für seine Beratungsleistung einen entsprechenden Lohn erhält. Honorarberater können daher unabhängig von den verschiedenen Anbietern beraten, was oft zu einem deutlich besseren Beratungsergebnis für den Anleger führt.

Inflation

Inflation beschreibt den anhaltenden Prozess der Geldentwertung, der sich dadurch auszeichnet, dass man im Zeitverlauf mit einer Geldeinheit immer weniger kaufen kann: Die Kaufkraft der Geldeinheit sinkt kontinuierlich in inflationären Phasen. Über die Geschwindigkeit der Geldentwertung lassen sich inflationäre Phasen weitergehend unterteilen: Die Bandbreite reicht von schleichender Inflation bis zur Hyperinflation. Die Inflation führt im Zeitverlauf zur Entwertung von Sparguthaben, was ein großes Problem für Sparer darstellt, die keine anderen Investitionsmöglichkeiten suchen. Die aktuell von der EZB angepeilte Inflation von etwa 2% pro Jahr sorgt dafür, dass Sparguthaben in 25 Jahren etwa 40% ihrer Kaufkraft einbüßen.

Kaufkraft

Die Kaufkraft des Geldes gibt an, welche Mengen an Gütern mit einer Geldeinheit beziehungsweise einem Geldbetrag (beispielsweise mit 100 Euro) gekauft werden können. Die Inflation - aber auch saisonale Effekte - haben einen starken Einfluss auf die Kaufkraft.

Kaufkraftparität

Kaufkraftparitäten sind Preisverhältnisse, die angeben, wie viele Einheiten inländischer Währung erforderlich sind, um eine bestimmte Menge an einem Wirtschaftsgut zu erwerben, die für eine Einheit einer bestimmten ausländischen Währung erhältlich ist. Sie sind also Indikatoren für Preisniveauunterschiede in verschiedenen Ländern und dienen als Umrechnungsfaktoren zwischen zwei Währungen.

Liquidität, liquide Mittel

Unter Liquidität versteht man die (möglichst schnelle) Verfügbarkeit liquider Mittel, also Bargeld.

Markteffizienzhypothese

Eine mathematische Theorie in der Finanzlehre, die annimmt, dass alle für die Preisbildung eines Assets erforderlichen Informationen stets bereits im Assetpreis enthalten sind. Hieraus ergibt sich, dass es so etwas wie über- oder unterbewertete Aktien nicht geben kann, und dass Versuche, mittels der klugen Auswahl einzelner Aktien eine bessere Rendite als der Gesamtmarkt zu erhalten, stets vergeblich sind. Es handelt sich um eine Theorie, welche durchaus ihren Zweck hat, welche aber zugleich die Realität stark vereinfacht. Dies sehen wir regelmäßig in kurzfristigen Reaktionen der Anleger, die zu den teils hohen Wertschwankungen in den Märkten führen. Je länger allerdings die Betrachtungsdauer ist, desto eher greift die Markteffizienzhypothese. Dies ist einer der Gründe dafür, warum wir passive Anleger stets langfristig investieren wollen.

Marktkapitalisierung

Die Marktkapitalisierung einer Aktie entspricht dem aktuellen Aktienkurs multipliziert mit der Anzahl der ausgegebenen Aktien. Eine alternative Bezeichnung ist der Börsenwert.

Outperformance

Unter einer Outperformance versteht man die bessere Performance einer Aktie oder eines Portfolios als ein Vergleichsindex oder Vergleichsmarkt.

Passives Investieren

Der bewusste Verzicht auf aktive Investmentstrategien in der Annahme, dass das aktive Eingreifen in ein Investment (beispielsweise Market timing) langfristig zu keiner Verbesserung der durchschnittlichen Rendite gegenüber dem breiten Markt führt.

Performance

Der Begriff Performance wird im vorliegenden Buch als Synonym für den Begriff der Rendite verwendet.

Rating

Quanitative Bewertung der Kreditwürdigkeit (Bonität) eines Staates oder Unternehmens im Hinblick auf die Risikoabschätzung von einer Staats-oder Unternehmensanleihe. Ratings werden meist durch die großen Ratingagenturen vorgenommen. Die bekanntesten sind Fitch, Moody's und Standard & Poor's. Für den risikoarmen Anteil im ETF-Portfolio kommen nur Anleihen und Anleihen-ETFs mit höchster Bonitätsbewertung infrage.

Risiko / Wertschwankungsrisiko

Unter Risiko verstehen wir im vorliegenden Buch das Wertschwankungsrisiko. Hierunter versteht man, je nach Kontext, das Ausmaß der Schwankungen eines bestimmten Assets oder eines vollständigen Portfolios. Je höher die Wertschwankungen einer Assetklasse, desto höher gilt das Risiko.

Risikoarmer Portfolioanteil

Der risikoarme Anteil in einem passiven Portfolio dient der Einstellung des Schwankungsrisikos im Portfolio. Je höher er ist, als desto geringer werden Wertschwankungen und maximaler Buchverlust durch Börsenturbulenzen ausfallen. Der risikoarme Anteil besteht aus kurzlaufenden Staatsanleihen bester Bonität oder aus Tagesgeld, kurzlaufenden Festgeldern oder auch Barbeträgen, wobei jede Form ihre individuellen Vor- und Nachteile bietet.

Risikobehafteter Portfolioanteil / Risikoreicher Portfolioanteil

Der Portfolioanteil, der die Rendite erwirtschaften soll. Zum Einsatz kommen für uns in Form von ETFs hauptsächlich Aktien, aber gegebenenfalls auch Rohstoffe, Immobilien (REITs, eigentlich ebenfalls Aktien) oder risikoreichere Anleihen.

Sektorrotation

Aktive Investmentstrategie mit dem Ziel, die eigenen Investitionen regelmäßig an den Verlauf des Konjunkturzyklus anzupassen und so eine bessere Performance zu erwirtschaften, als der Gesamtmarkt bietet. Beispielsweise wird in „aufstrebende" Sektoren investiert, während Anlagen in konjunkturell „absteigende" reduziert werden.

Sondervermögen

ETFs und Fonds zählen zum sogenannten Sondervermögen. Sondervermögen ist im Falle der Insolvenz des Finanzdienstleisters geschützt, da es vollständig getrennt vom Vermögen des Finanzdienstleisters verwahrt werden muss. Meist wird die Verwahrung von Wertpapieren durch eine separate Verwahrstelle vorgenommen.

Streubesitz-Marktkapitalisierung

Für die Bildung vieler ETFs kommt die sogenannte Streubesitz-Marktkapitalisierung zum Einsatz. Als Streubesitz bezeichnet man die Summe der Aktien, die dem öffentlichen Börsenhandel zur Verfügung stehen. Die Streubesitz-Marktkapitalisierung entspricht dem aktuellen Aktienkurs multipliziert mit der Anzahl der sich in Streubesitz befindenden Aktien.

UCITS-Richtlinien

Die UCITS-Richtlinien sind ein Set an Qualitätsvorgaben und Standards, das von der EU vorgegeben wird. Sie dienen dem Schutz der Anleger und erhöhen die Transparenz und Qualität der ETF-Produkte. Die Bezeichnung steht für die sehr sperrige Formulierung „Undertakings for Collective Investments in Transferable Securities". Da die UCITS-Richtlinien für ein hohes Maß an Verlässlichkeit und auch Sicherheit im Hinblick auf einen ETF sorgen, sind Produkte, die diese erfüllen, bei Investoren entsprechend beliebt.

Vermögenswert

Ein Vermögenswert ist ein Gut, dem ein bestimmter Wert zugeschrieben wird. Er kann der Aufbewahrung von Vermögen dienen (beispielsweise Gold und Silber) oder der Erwirtschaftung von Renditen (Aktien, Immobilien zur Anlage, Unternehmen).

Volatilität

Volatilität ist die Schwankungsbreite von Assets innerhalb eines bestimmten Zeitraums. Sie ist eine mathematische Größe für das Maß des Risikos einer Kapitalanlage.

17 Lesetipps

Bogle, John: Common Sense on Mutual Funds. 10. Auflage. (2009) (Englisch!)

Bomsdorf, Clemens: So werden Sie reich wie Norwegen: Genial einfach ein Vermögen aufbauen. (2020)

Kommer, Gerd: Die Buy-and-Hold-Bibel: Was Anleger für langfristigen Erfolg wissen müssen. (2009)

Kommer, Gerd: Souverän investieren mit Indexfonds und ETFs: Wie Privatanleger das Spiel gegen die Finanzbranche gewinnen. (2018)

Thiel, Christian: Schatz, ich habe den Index geschlagen. (2017)

Wallstabe-Watermann, B., Baur, G., Linder, H. Anlegen mit ETF: Geld bequem investieren mit ETF und Indexfonds. (2020)

18 Websites

www.justetf.com: Umfassende Datenbank mit in Deutschland handelbaren ETFs und aktuellen Brokerkonditionen. Kostenlose Registrierung erlaubt das Anlegen eines Musterportfolios.

börsenlexikon.faz.net: Recht umfangreiches Börsenlexikon der Frankfurter Allgemeine Zeitung mit mehr als 700 Begriffen.

www.finanzblogroll.de: Zusammenfassung unzähliger Blogs und Blogbeiträge rund um das Thema Investieren und Finanzen.

www.finanztip.de: Verbraucherportal mit Tipps und Tricks zum Investieren, Versichern, Finanzieren. Preisvergleiche von Banken und Brokern.

www.zins-berechnen.de: Website mit Tools zur Zinsberechnung von Krediten, Darlehen, Geldanlagen.

Website zur modernen Portfoliotheorie und dem passiven Investieren.

www.test.de: Website der Stiftung Warentest mit Themenbereich „Bauen+Finanzieren“.

Printed in Poland
by Amazon Fulfillment
Poland Sp. z o.o., Wrocław

73667621R00179